KiWi

KiWi 52 Mary McCarthy
Venedig

Mary McCarthy

Venedig

Aus dem Amerikanischen
von Ursula von Zedlitz

Kiepenheuer & Witsch

Titel der Originalausgabe *Venice observed*

Aus dem Amerikanischen von Ursula von Zedlitz

Lizenzausgabe mit freundlicher Genehmigung der
Droemerschen Verlagsanstalt Th. Knaur Nachf. & Co., München

Umschlag Hannes Jähn, Köln
Gesamtherstellung Druckerei May und Co., Darmstadt
ISBN 3 462 01615 6

I

»Venedig von acht bis neun; ging ins Danieli. Sah San Marco, die Piazza, den Canal Grande und einige Kirchen: schöner Tag – sehr malerisch – Gesamteindruck schön – Einzelheiten weniger.«

Herbert Spencer in seinem Tagebuch 1880.

»Il disoit l'avoir trouvée autre qu'il ne l'avoit imaginée, et un peu moins admirable . . . La police, la situation, l'arsenal, la place de S. Marc, et la presse des peuples étrangiers lui semblarent les choses plus remerquables.« Michel de Montaigne in seinem »Journal du Voyage en Italie 1580–81«.

Der kühle Verstand hat hinsichtlich Venedigs stets seine Zweifel gehabt. Die Stadt auf dem Wasser wird nüchtern begutachtet, als sei sie ein Mythos für die Gläubigen – die Dichter und Hochzeitsreisenden. Montaigne, berichtet sein Diener, *»n'y trouva pas cette fameuse beauté qu'on attribue aux dames de Venise, et si vid les plus nobles de celles qui en font traffique«*. Die berühmte Schönheit – der skeptische Franzose suchte sie bei den vielgepriesenen Kurtisanen, die zur Zeit seiner Reise elftausendsechshundertvierundfünfzig zählten. Er soupierte mit der Perle von allen, Nummer 204 in dem Katalog der bedeutendsten und verehrtesten Kurtisanen Venedigs. *»Le lundi à souper, 6 de novembre, la Signora Veronica Franco, janti fame venitiane, envoia vers lui pour lui presenter un petit livre de lettres qu'elle a composé.«* Es war anscheinend ein literarischer Abend. Diese vierunddreißigjährige Aspasia hatte sich von ihrem Beruf zurückgezogen und unterhielt einen Salon, der von Dichtern und Malern frequentiert wurde; sie verfaßte Sonette, Briefe und Terzinen und beabsichtigte, ein episches Gedicht zu schreiben. Heinrich III. hatte sie besucht und einen Bericht über sie sowie zwei ihrer Sonette nach Frankreich mitgebracht. Aber Montaigne beeindruckten die Polizei und die hohen Lebenskosten stärker. *»Les vivres y sont chers comme à Paris.«*

Die berühmte Schönheit – dreihundert Jahre später suchte sie der britische Philosoph und Junggeselle mit skeptischem Blick in den vielgerühmten Palazzi. Überall entdeckte er ein »Streben« nach dem Malerischen. Besonders kalt ließen ihn die Spitzenbeispiele: der kleine, schiefe Palazzo Dario im lombardischen Stil, eingelegt mit Porphyr und grüngeädertem Marmor, die Corner-Spinelli Mauro Coduccis mit seinen merkwürdigen Balkonen und die Ca'Rezzonico, das barocke Wunder mit den grauen Säulen, von Longhena begonnen, wo der Dichter Browning bald darauf sterben sollte. Über den Dogenpalast erregte Spencer sich derartig, daß er sich genötigt fand, offen auf gewisse allgemeine Grundsätze der Architektur hinzuweisen: »Die Plumpheit der Bögen der unteren Arkaden des Dogenpalastes und die Plumpheit der Fenster in der Mauer darüber . . . das sinnlose Damastmuster, das diese ganze Mauer bedeckt und eher an ein Gewebe als an ein Gebäude denken läßt; und die endlose Reihe von Ornamenten und Stacheln, die auf der Dachkante stehen und in erster Linie an Fischgräten erinnern.« So viel über den Dogenpalast. »Und die Markuskirche? Nun, die ist allerdings ein prächtiges Beispiel barbarischer Architektur.«

Unter den Zaubern Venedigs gibt es einen besonders starken: die Macht, in der Brust des Skeptikers den schlafenden Philister zu wecken. Solche Leute – nüchterne, prosaische Menschen von außerordentlicher Intelligenz – wollen sich nicht vorschreiben lassen, was sie in Gegenwart von Wunderwerken zu empfinden haben. Sie wollen etwas anderes empfinden. Das Extrem in solchen Fällen heißt, gar nichts zu empfinden. So erging es Stendhal; Venedig ließ ihn kalt. Er blieb nur kurz dort und verließ es fast kommentarlos, um in Padua einem Liebesabenteuer nachzugehen. Ein anderer Italienliebender, D. H. Lawrence (der zum Teil ein Entzauberer war, ein Mensch, der, wie vor ihm Ruskin, die Dinge beim Namen nannte), schilderte seine erste Reaktion in einem Gedicht: »Scheußliche, grüne, schlüpfrige Stadt. Alt ihre Dogen, mit uralten Augen ...«, und Gibbon »wurden einige Stunden des Staunens und einige Tage des Ekels durch den Anblick von Venedig beschert«.

Dieses übertrieben gepriesene Wunder, dieser goldene Götze, mit den tönernen Füßen, dieses *trompe-l'œil,* diese bemalte Attrappe, dieses Cliché – welcher intelligente Bilderstürmer empfände in seiner Gegenwart nicht einen Drang nach Zerstörung? Ruskin, sein überfälliger Jeremias, der schließlich dazu gelangte, fast alles in Venedig zu verabscheuen, verbrachte die Hälfte seiner Zeit damit, das Trugbild zu entlarven. In staubigen Kirchen stieg er auf Leitern, um zu beweisen, daß (was er schon immer geargwöhnt hatte) die venezianische Renaissance eine Attrappe war, ein zynischer Trick, daß beispielsweise die Marmorplastik des schlafenden Dogen Vendramin auf seiner Gruft in San Giovanni und Paolo nur halbseitig ausgeführt war: Die dem Publikum abgewendete Seite war ein leerer, gesichtsloser Stein. Napoleon, Stendhals Idol, ging mit brutaler Offenheit vor, als er den venezianischen Abgesandten, die mit ihm verhandeln sollten, verkündete, er werde das Inbild Venedigs zerschmettern: »Ich habe achtzigtausend Soldaten und zwanzig Kanonenboote«; *»io non voglio più inquisitori, non voglio più Senato; sarò un Attila per lo stato Veneto«* (ich will keine Inquisitoren mehr, ich will keinen Senat; ich werde ein Attila sein für den Staat Venedig).

Io non voglio – (ich will nicht) – eine grobe Form des Verbs wünschen. Die dreisten Worte klingen wie eine Fanfare, sie verheißen die Plünderung: den Raub der Schätze von Sankt Markus, den Raub der Bilder für den Louvre, den Raub des achatäugigen geflügelten Löwen, den man von seiner Säule auf dem Kai herunterreißt, zum Abtransport nach den *Invalides,* und der Bronzepferde des Nero, die vom Balkon der Markuskirche heruntergehievt werden, um vor den Tuilerien darauf zu harren, den Arc de Triomphe auf der Place du Caroussel zu schmücken.

Der Löwe kehrte, versehrt, zurück. Die Pferde kehrten zurück. Ihr Raub und ihre Rückgabe bilden nur eine weitere Anekdote im Repertoire der venezianischen Fremdenführer, die sie auf französisch, englisch und deutsch herunterleiern, ein jeder vor seiner Touristenschar, eingepfercht zwischen den drei Wahrzeichen der Piazza, wo am Vorabend von Napoleons Auftritt der Freiheitsbaum stand, den eine Freundin Byrons, die Gräfin Querini-Benzoni, *la biondina in gondoleta,* nur mit einer attischen Tunika bekleidet, umtanzte.

Napoleons Prophezeiung erfüllte sich, obgleich nicht ganz so, wie er es sich gedacht hatte. Er wurde für Venedig tatsächlich ein zweiter Attila, das heißt, eine Legendenfigur für Touristen, ein weiterer abgewiesener Eindringling, wie der Genuese in Chioggia, wie Pippin, dessen Heer, in den Lagunen eingeschlossen, traditionsgemäß unterging wie die Ägypter im Roten Meer. Mit Attila fing es an; Flüchtlinge, die auf dem Festland vor ihm herflohen, retteten sich auf die kleinen Fischerinseln und begannen ihre unwahrscheinliche Stadt zu errichten, Häuser aus Zweigen und Gitterwerk, auf Holzpflöcken, die in den Schlamm getrieben wurden, »wie Seevogelnester, halb auf dem Meer, halb auf dem Land, und wie die Zykladen über die Wasserfläche verstreut«, schrieb Cassiodorus, der die Kanzlei Theoderichs leitete. Napoleon schloß die Geschichte ab, wie er die Piazza San Marco mit dem Bau der Fabbrica Nuova abschloß und beiden – dem Platz wie der Erzählung – ihre endgültige, notwendige Form bescherte.

Ohne Napoleon wäre Venedig nicht vollständig. Ohne Napoleon hätte Lodovico Manin, der letzte Doge (der auf seinem Porträt in dem Correr-Museum wie ein bekümmertes Stubenmädchen aussieht), nicht weinerlich einem Bedienten seinen Herzogstab mit den Worten reichen können: »Den werde ich nicht mehr brauchen.« Ein Ausspruch in der sachlichen Tradition der alten Römer, von denen die Venezianer abzustammen behaupteten. Und auf der plebejischen Ebene war es, dank Napoleon, ein Gondoliere, der zuletzt lachte: Auf der Proklamation Napoleons war die alte Inschrift *Pax tibi, Marce, Evangelista meus* auf dem Buch, das der Wappenlöwe hält, durch die Worte »Die Menschen- und Bürgerrechte« ersetzt worden; der Gondoliere soll dazu bemerkt haben: »Endlich hat er das Blatt gewendet.«

Aber von Napoleons Standpunkt aus war das Schlimme an Venedig doch sicherlich gerade dies – der Zuwachs an kindischer Historie, an immer wieder aufgewärmten Geschichten. Der Herzogshut, die Inquisitoren, die Bocca del Leone (Löwenmaul), wohin anonyme Denunziationen versenkt wurden, der goldene Sonnenschirm des Dogen, der Bucintoro, die Vermählung mit der Adria, der Ring, die Seufzerbrücke, Casanova, die Bleikammern, Shylock, die Rialtobrücke, Tizian, Tintoretto, *les dames de Venise,* die Entführung der Gebeine des heiligen Markus, Lepanto, die Tauben, die Seeräuber, die Eroberung von Konstantinopel, angeführt von dem fünfundneunzigjährigen blinden Dogen Dandolo, Marco Polo, die Königin von Zypern und (noch bevorstehend) Byron zu Pferde am Lido, Byron den Canal Grande durchschwimmend, »Julian und Maddalo«, Byron im armenischen Kloster, Wagner auf der Piazza, beim Anhören von

Tannhäuser, den eine österreichische Kapelle spielt; Wagner im Palazzo Vendramin, Browning, D'Annunzio, die Duse und schließlich, als erstes und letztes, die Gondola, die ewige Gondola mit ihrem stählernen Bug und ihrem witzigen Gondoliere – für einen »neuen Menschen«, einen Nivellierer, muß das alles eine unerträgliche Langeweile, einen stehenden Kanalgestank ausgeströmt haben. »Non voglio più.« (»Das will ich nicht mehr.») Als Napoleon verkündete, er werde sich als ein zweiter Attila erweisen, kann seine Gereiztheit nicht nur politisch bedingt gewesen sein; sie war wohl sicherlich ein Ausdruck seiner Ungeduld, nicht einmal so sehr mit einer rückständigen, reaktionären Regierungsform, nicht einmal so sehr mit der Vergangenheit (die Sphinx und die Pyramiden beeindruckten ihn tief), als mit einer ewigen Gegenwart, mit einer Stadt, die eine einzige Folge von Souvenirs und »Ansichten« geworden war.

Henry James, der Venedig liebte, war dieses Gefühl vertraut. »Das heutige Venedig ist ein riesiges Museum, dessen kleine Pforte sich ständig knirschend in den Angeln dreht, und man durchschreitet es mit einer Herde von Mit-Betrachtern. Es gibt nichts mehr, was man noch entdecken oder beschreiben könnte, und eine originelle Einstellung ist völlig ausgeschlossen.« Nach zwei Wochen, sagt er, beginne man so nervös zu werden, als sei man auf einem Schiff, wobei die Piazza als »riesiger Salon figuriert und die Riva degli Schiavoni als Promenadendeck«.

Keine Steine sind so abgegriffen wie die Steine Venedigs, im wahrsten Sinn des Wortes. Seit dem achtzehnten Jahrhundert, als seine ehemaligen Einkommensquellen versiegten, ist es teilweise Museum und teilweise Vergnügungspark gewesen und lebte von den Eintrittsgeldern der Touristen. Der Karneval, der ein halbes Jahr dauerte, war nicht bloß der spontane Ausdruck venezianischer Zügellosigkeit, sondern eine berechnete Attraktion für die Touristen. Francesco Guardis frühe »Veduten« waren die Ansichtskarten jener Zeit. In der venezianischen Konserve, einer dicken, bittersüßen Konfitüre, wurde der Tourismus selbst zu einer würzigen Ingredienz, die dem ausländischen Geschmack entsprach; Legenden über tote Touristen werden heute täglich von Gondolieren und Fremdenführern aufgewärmt. Byrons Schreibtisch, Gautiers Palast, Ruskins Fremdenpension, Ruskins Sterbezimmer, Barbara Huttons Bleikristallfenster – diese Denkwürdigkeiten ersetzen den Bucintoro oder Paolo Sarpis Statue als Gegenstände des Interesses. Das venezianische Handwerk spielt mit – Glasbläserei, das Aufziehen von Halsketten, Spitzenklöppeln; man schaut zu, wie das Produkt entsteht, wie rosa Zucker, der im Zirkus gesponnen wird, und bringt davon ein Muster nach Hause, als Souvenir. Venezianische Industrien erheben heutzutage keinen Anspruch auf Schönheit oder Eleganz, sondern lediglich darauf, »venezianisch« zu sein.

Und es ist zwecklos, zu behaupten, daß das Venedig der Touristen nicht das wirkliche Venedig sei, was bei anderen Städten möglich ist – bei Rom, Florenz oder Neapel. Das Touristen-Venedig *ist* Venedig: die Gondeln, die Sonnenuntergänge, die wechselnde Beleuchtung, das Café Florian, das Café Quadri Torcello, Harrys Bar, Murano, Burano, die Tauben, die Glasperlen, der Vaporetto. Venedig ist eine Faltpostkarte seiner selbst. Und obgleich es zutrifft (wie zuweilen salbungsvoll erklärt wird), daß fast zweihunderttausend Menschen in Venedig ein normales Arbeitsleben führen, leben auch sie darin als Touristen oder Fremdenführer. Beinah jeder Venezianer ist ein Kunstkenner, ein Kenner Venedigs, immer bereit, über Tintoretto zu sprechen, oder aus eigener Anregung einem die Wendeltreppe zu zeigen, den venezianischen Dialekt zu erläutern oder den Klang der Marangona, der Glocke des Campanile, zu identifizieren, wenn sie mitternachts ertönt.

Ein Graf zeigt den Tiepolo, das Deckengemälde im Schlafzimmer seiner Frau; ein Zahnarzt zeigt sein Wohnzimmer, das ehemals ein *ridotto* war (Spielsalon). Alles ist katalogisiert worden, mit einem Stolz, der mehr auf dem Wissen als auf der Sache selbst beruht. »Eine Fälschung«, sagt freundlich ein Herr und zeigt auf seinen Tintoretto. »Es stammt von der Réjane*«, sagt eine Hausbesitzerin und zeigt auf ein Bettwrack in einer Wohnung, die sie vermieten will. Die Eitelkeit, sich als sachverständig auszuweisen, überwiegt unter Umständen kommerzielle Beweggründe oder die Eitelkeit der Besitzerschaft. »Achtzehntes Jahrhundert«, sagt man hoffnungsvoll, beim Anblick eines Porzellanservices, zu einem Kunsthändler. »Nein, neunzehntes«, verbessert er und verdirbt sich das Geschäft. In meiner Wohnung möchte ich, daß alles venezianisch sei, aber »nein«, sagte die Vermieterin, als ich sie nach einem Schrank frage: »Florentinisch«. Wir starren auf eine große thronende Madonna in dem Schlafzimmer – die sehr schlecht ist. Es wäre ihr lieb, wenn ich das Bild für einen Bellini hielte, und sie wägt diese Möglichkeit gegen die Sachkenntnis ab, die sie mir zutraut, »*Schule* von Giovanni Bellini«, verkündet sie lässig und zieht sich so aus der Affäre.

Ein venezianischer Edelmann hat sich auf Pflanzen spezialisiert, die nur in Venedig vorkommen, und zeigt uns Dias davon. Er besitzt eine Bibliothek von dreißigtausend Bänden, die sich hauptsächlich mit venezianischer Geschichte befassen. Im Winter hockt in den Stadtbibliotheken die gleiche Gruppe von Nichtstuern über venezianischen Archiven oder illustrierten Werken venezianischer Kunst; sie zieht nach Schluß von der Correr-Bibliothek in die ungeheizte Marcia-

* Berühmte französische Schauspielerin der Jahrhundertwende.

na, wo sie in ihren Mänteln kauert, und zu guter Letzt in die Querini-Stampaglia, die bis in die späte Nacht offen ist.

Die Venezianer katalogisieren alles, inklusive sich selbst. »Diese Trauben sind braun«, beklage ich mich bei dem jungen Gemüsehändler in Santa Maria Formosa. »Ist das ein Fehler? Auch *ich* bin braun«, sagt er. »Ich bin das Dienstmädchen des Malers Vedova«, sagt ein Mädchen am Telefon. »Ich bin Jude«, fängt ein schielender Fremder an, der in einer Bäckerei neben mir Schlange steht. »Möchten Sie die Synagoge sehen?«

Fast jeder Venezianer, selbst ein Kind, wird alles stehen- und liegenlassen, um einem irgend etwas zu zeigen. Sie weisen einem nicht nur den Weg, sie führen einen oder folgen einem sogar zuweilen, um sich zu vergewissern, daß man nicht falsch geht. Ihre größte Angst ist, daß man eine künsterlische oder »typische« Sehenswürdigkeit verpassen könnte. Ein Küster, der bereits sein Trinkgeld bekommen hat, wird einen nicht verlassen, bevor man den letzten Palma Giovane gesehen hat. Der »Papst« der Chiesa dei Greci ruft von der Straße aus seiner Haushälterin zu, sie solle ihm seinen schwarzen Hut zum Fenster herauswerfen, und setzt ihn sich fest in die breite Stirn, damit er uns persönlich zu dem Archäologischen Museum auf dem Markusplatz führen kann; er befürchtet, wir könnten, wenn er sich nicht darum kümmert, die griechischen Plastiken dort verpassen.

Das ist venezianische Höflichkeit. Fremde, die hier lange gelebt haben, bemerken dazu nur: »Sie haben nichts anderes zu tun.« Aber die Nichtstuer sind äußerst wach, halten immer Ausschau nach Leuten, die etwas besichtigen wollen; nichts entzückt einen gebürtigen Venezianer so sehr, wie eine freie Fahrt in einer Gondola. Wenn die Begräbnis-Gondel, ein großer schwarz-gold verzierter Leichenwagen, vor einem Haus anlegt, so ist das ein ästhetischer Genuß. Die Gegend, in der ich wohnte, war in dieser Hinsicht besonders begünstigt, weil sich gegenüber des Campos das Männer-Altersheim befand. Jeder wird den venezianischen Geschmack in der Auslage von Waren bemerkt haben, der sich bis auf den ärmsten Kahnbesitzer erstreckt, der seine Wassermelonen halbiert und sie, blaßrosa mit grüner Rinde, am grünen Nebenkanal zur Schau stellt, in dem sich ein rosa Palast mit Oleanderbäumen spiegelt. *Che bello, che magnifico, che luce, che colore!* – (Wie schön, wie herrlich, welches Licht, welche Farben!) – sie sind alle *professori delle Belle Arti* (sie sind alle Kunstprofessoren). Und in ganz Venedig, in den alten venezianischen Kunstschätzen, wuchert dieser interne Tourismus, diese Sachverständigkeit. In Bassano, im Stadtmuseum, hielt ich den Bürgermeister für den lokalen Kunstkritiker, bis er seinen Vortrag über die Juwelentöne (»wie Murano-Glas«) in den Landschaften Bassanos unterbrach, um auf die Uhr zu schauen und auszurufen: »Meine Bürger rufen nach mir.« Unweit davon seufzte, in einer palladischen Villa, eine venezianische Dame: *»Ah! Bellissima!«* beim Anblick eines Kaminschemels in Form eines lebensgroßen, ausgestopften ledernen Schweins. In Harrys Bar gibt es ein Getränk, das Titiano heißt, es besteht aus Sekt und Grapefruitsaft und wird mit Grenadine oder Angostura rosa gefärbt. «Sie sollten einen Tintoretto haben«, reklamierte jemand, und der Barbesitzer bedauerte, noch keinen solchen Drink erfunden zu haben, jedoch gäbe es einen Bellini und einen Giorgione.

Wenn die Venezianer am Abend spazierengehen, so meiden sie nicht etwa den Markusplatz, wo die Touristen sind, wie das die Römer mit dem Doney-Lokal auf der Via Veneto tun. Die Venezianer sehen sich die Touristen an, und die Touristen betrachten sich die Venezianer. Diese Stadt ist etwas fürs Ohr und fürs Auge, aber primär fürs Auge. Auf dem Wasser gebaut, ist sie eine endlose Folge von Reflex und

Echo, eine Spiegelung. Im Gegensatz zu der allgemeinen Annahme gibt es keine rückwärtigen Kanäle, wo Touristen sich nicht, kamerabewaffnet, in der Person anderer Touristen auf der kleinen Brücke wiederbegegnen. Und in dieser Stadt wird kein Wort gesprochen, das nicht das Echo eines Ausspruchs wäre, der schon einmal getan wurde. »Aber es ist ebenso teuer wie in Paris!« ruft im Restaurant ein Franzose aus, ohne zu ahnen, daß er Montaigne wiederholt. Die Klagen gegen Fremde, von Fremden erhoben, tönen nörgelnd durch die Jahrhunderte, im Verein mit der Stimme des mittelalterlichen Mönchs, der den Markusplatz voll von »Türken, Lybiern, Parthern und anderen Seeungeheuern« fand. Heute beklagen wir uns über die Deutschen, und zweifellos klagen sie mit den gleichen Worten über die Amerikaner.

Nichts läßt sich (einschließlich dieser Feststellung) *sagen, was nicht bereits gesagt worden ist.* Häufig hört man, daß die Piazza einem Freilicht-Salon gleicht; die Bemerkung geht auf Napoleon zurück, der sie den »besten Salon Europas« nannte. Ein Freund vergleicht die dekorativen Kuppeln der Markuskirche mit Meeresschaum, aber Ruskin dachte als erster daran: ». . . endlich, wie in Ekstase, lösen sich die Kämme der Kuppeln in marmornen Gischt auf, und schleudern sich weit in den blauen Himmel hinauf, in strahlenden Bögen gemeißelten Schaums . . .« Ein anderer Freund findet, daß die Gondeln wie Leichenwagen aussehen; der Vergleich beeindruckte mich durch seine Originalität, bis ich ihn zwei Tage später, bei Shelley, als »Totenbarke« wiederfand. Jetzt finde ich so etwas überall. Ein junger Mann, der den Vaporetta besteigt, seufzt, daß »Venedig so städtisch ist«, eine Bemerkung, die zumindest originell *klingt* und zweifellos auch war, als Proust von dem »stets städtischen Eindruck« sprach, den Venedig, inmitten des Meeres, machte. Und das schlimmste ist, daß fast alle diese Klischees auf Wahrheit beruhen. Es stimmt beispielsweise, daß die Markuskirche bei Nacht wie eine Theaterkulisse aussieht; das ist etwas, das jedem auffällt und wovon jeder denkt, es sei ein ganz persönlicher Einfall. Ich erröte, wenn ich an den eitlen Klang meiner Stimme denke, als ich vor neun Jahren auf der Piazza denselben Vergleich anstellte.

»Ich beneide Sie, daß Sie über Venedig schreiben«, sagt der Neuankömmling. »Sie tun mir leid«, sagt der Kenner. Eines ist gewiß: eine spitzfindige Einstellung, die moderne Art von Spitzfindigkeit, die originell, paradox und konträr sein will, ist für Venedig nicht möglich. Mit der Zeit macht gerade dies den Charme des Ortes aus. Man gibt den Kampf auf und fügt sich einer klassischen Erfahrung. Man findet sich damit ab, daß, was man im Begriff ist zu sagen oder zu empfinden, nicht nur bereits von Goethe oder Musset gesagt worden ist, sondern auch jedem Touristen aus Iowa auf der Zunge liegt, der mit seiner pelzstola- und brillantnadelgeschmückten Frau die Piazetta betritt. Die anderen, der existentielle Feind, sind hier mit der eigenen Person identisch. Nach längerem Aufenthalt gelangt man dazu, auf die Bemühungen des Neuankömmlings, sich von der Masse abzuheben, mit Mitleid herabzusehen. Er hat eine kleine Kirche entdeckt – tatsächlich? –, die ganz verborgen liegt, ein wahres Juwel, mit bunten Marmoreinlagen auf sanftem Taubengrau, wie ein Schmuckkasten. Er meint Santa Maria dei Miracoli. Als man sie nennt, sieht er ganz enttäuscht aus. Ist sie denn so bekannt? Oder er hat den Einfall, die Löwen zu zählen, die von den Fenstergesimsen der Palazzi herunterblicken. Sie erinnern ihn an Katzen. Hat je einer bemerkt, wie viele Katzen es in Venedig gibt, oder sie mit den Löwen verglichen? Auf meinem Tisch liegen zwei aufgeschlagene Bücher mit Kapiteln über die Katzen Venedigs. Auch ich sah enttäuscht aus, als ich sie im Haus eines alten Buchhändlers entdeckte, denn auch ich hatte zu denken gewagt, daß mir etwas Besonderes aufgefallen wäre.

Die Katze = der Löwe. Venedig ist eine Art Wortspiel auf sich selbst, mit anderen Worten gleichsam ein Spiegel seines eigenen schimmernden Bildes – der zentralen Eitelkeit, aus der es sich entwickelt hat. Der Canal Grande hat die Form eines Fisches (oder, will man wörtlicher sein, eines Aals); auf der Piazetta reitet Sankt Theodorus das Krokodil (oder, wenn man will, den Fisch); Delphine und Kammuscheln führen das Thema im Ornament fort. Im Staatszeremoniell erstarrt es; der Doge vermählt sich der Adria in einer gespielten, das heißt wortspielerischen Ehe. Der Löwe tritt in den Staatsmythos ein in Gesellschaft des Evangelisten und zeugt einen Löwenwurf nach dem andern – alles halb ironische, halb literarische Anspielung auf den ursprünglichen: den großen Kriegslöwen des Arsenal-Tors, dessen Buch unheilverkündend geschlossen ist (»Friede sei mit Euch«), unter ihm die stilisierten Löwen aus Griechenland vor dem Arsenal, wie die drei Bären im Märchen, der König der Tiere mit erhobenem Schweif als *trompe l'œil* auf der Scuola di San Marco, die roten brüllenden Löwen links von der Markuskirche, auf denen täglich die Kinder reiten, der Löwe von Chioggia, von dem die Venezianer behaupten, er sei nur eine Katze; der Löwe, der wie ein Hund aussieht, an der Porta della Carta, von dem Dogen Foscari geeehrt . . . Vom Markusplatz an breiten sie sich in den verschiedensten Formen und Größen, schnurrbärtig oder glattrasiert, in Venedig und seinen ehemaligen Besitzungen bis nach Nauplia und dem Peloponnes, aus. Aber der Löwe von San Marco ist geflügelt, das heißt ein Ungeheuer, und dieses erzeugt eine ganze Herde von Ungeheuern, Basilisken und Drachen mit ihren dazugehörigen Heiligen und Tötern, alles Lieblinge venezianischer Künstler. Der heilige Hieronymus wird, dank seinem zahmen Löwen, zum Lieblingsheiligen Venedigs.

Das Zwillingsprinzip setzt sich fort. Die große rosa Frarikirche hat auf der anderen Seite der Stadt ihr Gegenstück in der großen rosa Dominikanerkirche, dem anderen Predigerorden. Und im Schatten der Markuskirche, in der Nähe der Pietra del Bando, umarmen sich paarweise, wie Waisenkinder, vier kleine gleichaltrige Brüder, genannt: Die Mohren. Das berühmte venezianische *trompe l'œil,* Marmor, der Brokat vortäuscht, oder eine Fläche, die sich als Rundung ausgibt, ist in sich etwas Zwillingshaftes, oder eine endlose Verdoppelung, wie bei einem wiederkehrenden Dezimal.

Venedig ist ein Spiel (wie viele Löwen können Sie zählen? E. V. Lukas fand allein auf der Porta della Carta fünfundsiebzig), ein Phantasiegebilde, ein Märchen, eine Stadt Methusalems, in welcher die Sterblichkeit beinahe besiegt wurde. Tizian wurde, laut den alten Chronisten, im hundertsten Lebensjahr von der Pest hinweggerafft. Wie viele Maler können Sie zählen, die, wie er, über siebzig waren, ehe sie zu ihren Vätern versammelt wurden? Jacopo Bellini (siebzig Jahre), Gentile Bellini (achtundsiebzig Jahre), Giovanni Bellini (sechsundachtzig Jahre), Lorenzo Lotto (sechsundsiebzig Jahre), Tintoretto (sechsundsiebzig Jahre), Palma Il Giovane (vierundachtzig Jahre), Tiepolo (achtzig Jahre), G.D. Tiepolo (siebenundsiebzig Jahre), Pietro Longhi (dreiundachtzig Jahre), Alessandro Longhi (achtzig Jahre), Piazetta (einundsiebzig Jahre), Canaletto (einundsiebzig Jahre), Guardi (einundachtzig Jahre). Unter den Bildhauern und Architekten Pietro Lombardo (fünfundsechzig), Sansovino (dreiundneunzig), Alessandro Vittoria (dreiundachtzig), Palladio (zweiundsiebzig), Longhena (vierundachtzig). Das läßt Venedig, die Nährstatt alter Männer, als Traum erscheinen, als Jungbrunnen, den Ponce de Leon in der Neuen Welt suchte. Es führt uns wieder zu den verstanderfüllten Kritikern Venedigs, als einem Mythos, der entlarvt werden sollte.

»Diese Hanswurste«, nannte ein französischer Botschafter die venezianischen Staatsmänner des frühen siebzehnten Jahrhunderts, als die Geschicklichkeit ihrer Diplomatie als ein Wunder Europas galt. Die Fähigkeit, im Betrachter Abscheu und Verachtung zu erwecken, war nicht nur eine natürliche Begleiterscheinung venezianischen Prestiges, sondern auch des ganzen Märchens, das Venedig um sich wob; sein Rat der Zehn, seine geheimnisvollen drei Inquisitoren, seine Verliese, seine Bestrafungen, »rasch, stumm und sicher«. Heute lächeln wir ein bißchen über das Märchen venezianischer Geschichte, über den Dogen unter seinem goldenen Sonnenschirm, wie wir über die Nonnen lächeln, die auf Guardis Bild in der Ca'Rezzonico ihre Verehrer unterhalten, über die Spieltische und die Masken; es ist das gleiche Lächeln, womit wir die Frauenregatta bedenken, die stilisierten Löwen und Carpaccios menschenfressenden Drachen. Der leichte Schauder, der uns befallen mag, wenn wir durch die Bleikammern wandern oder die Hand in die Bocca del Leone gleiten lassen, ist ein theatralischer Schauder, halb selbstsuggeriert, wie die kleinen Schreie, die aus den kleinen Wagen im Tunnel eines Vergnügungsparks herausschallen, wenn diese in die Tiefe schießen. Für uns ist die venezianische Geschichte ein Kuriosum; jene rüstigen alten Dogen und Krieger erscheinen uns wie eine seltsame Gattung von See-Getier, das die rosa gewundene Muschel verlassen hat, die es sich zum Schutz wachsen ließ und die Venedig heißt.

Die alten Geschichtsschreiber sahen die Sache anders an und neigten dazu, Venedig als eine Allegorie zu betrachten, in welcher Laster und hemmungslose Habsucht (oder undemokratische Regierung) ihren verdienten Lohn fanden. Sie hielten Venedig den anderen Nationen als ein warnendes Beispiel vor. Aber solche moralische Entrüstung oder feierlichen Ernst vermögen wir beim Anblick Venedigs nicht zu empfinden. In Ravenna oder Mantua kann uns wohl das Düstere ihrer Geschichte wie ein echter Schatten beschleichen. Diese Städte sind wahrlich traurig und zwingen zum Glauben an die Verbrechen und Tragödien, die in ihren Mauern stattfanden. Venedig bleibt ein Festspiel für Kinder, von Miniaturformat, aber genial aufgehellt durch gelegentliches »Lokalkolorit«, wie in den anschaulichen Bildern Gentile Bellinis und Carpaccios. Oder es schwillt bei Tintoretto und Veronese zu einem perlenumwobenen Mythos an. Die prächtigen Apotheosen der Räume des Dogenpalasts, die blauen, goldenen und perlmuttergleichen Fleischtöne, strafen die Realität der türkischen Desaster, die damals die Republik heimsuchten, gleichsam Lügen, ebenso wie Giorgiones Idyllen die Realität des Cambrai-Bunds unglaubhaft erscheinen lassen. Mit den Malern des achtzehnten Jahrhunderts fällt die hohle Göttin zusammen. Die Bilder Canalettos, Guardis und Longhis führen uns in ein Spielzeugreich zurück, mit Schiffchen (die Gondeln), Dominos, Masken und Spitzenschleifen, während Tiepolos Bilder mit ihren kreidigen Tönen uns in den Zirkus führen, wo jeder ein Clown oder Trapezkünstler ist, in weißer Theaterschminke und Theatergewandung. Napoleon stand vor den Toren, aber es ist schwer zu glauben. Auch für die Venezianer war das damals schwer. Für sie war ihre »Befreiung« von der Oligarchie lediglich ein weiteres Schauspiel, eine weitere Prozession, mit allegorischen, kostümierten Gestalten vor der alten Theaterkulisse der Markuskirche, die mit Girlanden und Draperien festlich geschmückt war. In der Oper feierte man in jener Nacht den Sturz der Republik mit einem Ballett, das von den Arsenalarbeitern getanzt wurde; die Patrizier waren anwesend, in Seide, Spitzen und Brokat, Gold- und Silberlamé, Brillanten und Perlen, und zu Ehren des Anlasses hatten die Gondoliere freien Zutritt.

Alles, was in Venedig geschieht, hat von jeher diesen Anstrich von Unwahrscheinlichkeit, Symbol dafür ist die Gondel, dieses schwimmende, unwirkliche Gebilde, romantisch und geisterhaft, bezaubernd und absurd zugleich. »Warum haben sie keine Außenbordmotoren?« verwunderte sich ein Amerikaner, der die praktische Seite bedachte. Aber zum Wesen des Traums gehört das Unerwartete, der Einfall. Genau wie zum Wesen des Venezianers. »Es ist eine andere Welt«, sagen die Leute, die vor allem das Fehlen des Automobils bemerken. Und es *ist* eine andere Welt, eine ausgesprochene Fiktion, in welcher regelmäßig das Unerwartete eintritt. Aus diesem Grunde grenzt es auch beinahe ans Komische.

Ein prominenter Edelmann, der in diesem Herbst an das Krankenbett eines Freundes eilte, rutschte aus, als er in sein Motorboot steigen wollte, und fiel in den Canal Grande. Ganz Venedig lachte. Aber wäre dem Grafen das Mißgeschick in Padua, *auf dem Festland,* widerfahren, wenn er beim Aussteigen aus seinem Wagen gestürzt wäre, hätte jeder mit ihm Mitleid gehabt. Verkehrsampeln sind nicht komisch, aber in Venedig ist es komisch, eine Verkehrsampel über einer Kanalkreuzung zu haben. Das gleiche gilt für die venezianische Feuerwehr. Die Dinge *dieser* Welt offenbaren ihre wesensgemäße Absurdität, sobald man sie in Zusammenhang mit Venedig bringt. In dem unwirklichen Reich der Kanäle erscheint, wie im Swiftschen Liliput, die wirkliche Welt mit ihren praktischen Einrichtungen wie eine einzige Absurdität.

2

Der Signore und die Signora lebten aus Steuergründen getrennt, erklärte der Grundstücksmakler. *»J'ai une bonne place pour vous«*, hatte er mir vor ein paar Tagen erzählt, als er mich mit klapperndem Schlüsselbund vor ein Gebäude führte. Die Wohnung war sehr hübsch: vier große Zimmer, die auf den Garten eines Palazzos blickten und größtenteils in einem heiteren venezianischen Rokoko eingerichtet waren, blauweiße Streifen, rosa Rosenknospen, Schränke im Tiepolo-Stil gefaßt, Stühle mit muschelförmigen Lehnen. Aber jetzt wollte ich wissen, wie viele Personen die Wohnung im oberen Stock bewohnen würden, die ein gemeinsames Entree und ein Bad mit mir teilen sollten – »nur wenn Sie aus sind«, hatte der Makler hastig hinzugesetzt. »Sie brauchen sich keine Sorgen zu machen; sie baden nicht oft.« Ich hatte mich mit dieser Versicherung zufriedengegeben und etwas dünn in sein sprödes Gelächter eingestimmt. Die Signora, fuhr er fort, würde in der Wohnung, die sie oben für sich einrichtete, ihr eigenes Waschbecken mit Toilette und ihre eigene Kitchenette haben. Die meisten Mahlzeiten würde sie mit Tochter und Sohn, der über zwanzig war, bei der Großmutter einnehmen. Der Sohn war auf der ursprünglichen Rechnung nicht aufgeführt gewesen; er tauchte im Verlauf der Verhandlungen auf. Und erst am vorhergehenden Abend hatte mir ein venezianischer Bekannter mitgeteilt, daß es auch einen Signore gäbe, und ihn mir gezeigt, als er das Restaurant verließ – ein brünetter, rotwangiger Mensch mit einem gewichsten

Schnurrbart. »Sie haben mir nicht *gesagt,* daß es auch einen Mann gibt!« protestierte ich jetzt im Büro des Grundstücksmaklers und schob den Mietvertrag fort. »Er wird nicht zu Hause sein«, versprach der Makler. Aus Steuergründen besitze der Signore eine Separatwohnung über der Taverna La Fenice. »Sie werden sich ausgezeichnet mit Madame verstehen«, erklärte der Makler, seine Lieblingsformel wie ein Beruhigungsmittel anwendend. *»Hoffentlich«,* erwiderte ich grimmig. Die Spezialität dieses Menschen bestand anscheinend darin, Wohnungen zu vermieten, die schon besetzt waren. Zuallererst hatte er mir seine eigene Wohnung vermieten wollen, mit sich als Zugabe. »Ausgezeichnet verstehen«, wiederholte er, und ich zückte meine Füllfeder und unterschrieb.

Im Gegensatz zu jedermanns Prophezeiungen hat es sich nicht schlecht ausgewirkt. Der Makler hatte recht, wenn er ständig wiederholte: *»C'est une bonne place pour vous, Madame.«* Die Signora ist eine große aschblonde Bohnenstange, mit einem langen Modigliani-Gesicht – eine gutartige, unbedeutende Komödiantin, »zweite« Frauenrolle in einem Goldoni-Stück, die, Zigarette im Mundwinkel, schimpfend und zwinkernd, mit ihrem Staubtuch durch die Gegend fährt. Und es stimmt: Den Signore sehe ich nicht, obwohl er hier schläft, wie ich schließlich entdecke. Von meinem Doppelbett aus – einem riesigen florentinischen Gebilde aus dem sechzehnten Jahrhundert, mit lebensgroßen Putten, mehr ein Kahn als ein Bett – hörte ich seinen Schritt auf der Treppe, spät nachts, wenn er nach einem Essen bei der Großmutter oder im Columbia-Restaurant mit der Signora nach oben geht. Am Morgen höre ich manchmal seine in einem Ehestreit zornig erhobene Stimme oder sehe einen pomadisierten Schnurrbart und ein elegantes Sportsakko blitzartig durch die Haustür verschwinden. Aber das ist auch alles: eine aufgebrachte, sonore Stimme, Schnurrbart und Rockschöße, im Nu vorüber, ein verstohlener Schritt auf der Treppe. Wie Jupiter besucht er sein Haus im verborgenen, und in meiner Vorstellung ist er nur noch ein Totem der Männlichkeit, ein Stier oder Goldmünzenregen. Um acht Uhr früh ist er verschwunden. Die Signora sagt, er sei im Baugewerbe tätig und errichte einige Häuser in der Nähe von San Giobbe. Die beiden haben einmal bessere Tage gesehen – wie fast alle Leute in Venedig. Das ersehe ich aus ihrem Hochzeitsfoto, das neben meinem Bett hängt. Sie stehen am Canal Grande, im Hintergrund die Dogana und die Salutekirche; der Signore, damals magerer und blasser, und nur mit einer Andeutung seines heutigen Schnurrbarts, trägt einen Cutaway und gestreifte Hosen; die Signora weißen Atlas, mit Schleier, Perlen und Orangenblüten. Das Bild ist überbelichtet; dies gibt ihm eine etwas verschwommene Traurigkeit, was durch die nachfolgenden Ereignisse völlig gerechtfertigt wurde. Er war ein *dottore delle Belle Arti,* ein Doktor der Kunstgeschichte, wie mir die Signora sagt, und im Telefonbuch nennt er sich »Professor Giuliano«. Seit zehn Jahren ist ihre Ehe zerrüttet. »Ah, Elva, Elva!« bedauert sie sich gähnend. *»Poverina«* (»Du Arme«).

Die Signora ist eine nüchterne Person, die sich nichts vormachen läßt, offen und naiv. Mit ihrem langen Gesicht, ihrem blonden Haar und den weit auseinanderstehenden, fast mongoloiden, rollenden blaugrünen Augen scheint sie mir eine echte Tochter Venedigs zu sein, was sie auch tatsächlich ist. Den Dottore, aus dem ich mir nichts mache, halte ich für einen Süditaliener. Dottore delle Belle Arti oder nicht, er ist mir zu grobschlächtig und dunkelhäutig, um ein echter Venezianer zu sein. Nur seine eheliche Situation (»aus Steuergründen getrennt lebend«) scheint vom Genius loci inspiriert. In Venedig findet man viel trocknen Humor und wenig falschen Schein. Auch nichts Honigsüßes, nichts Klebriges und

Schleimiges; die federnde, aufrechte Haltung des Gondoliere gibt den Stil an. Wo Neapel opernhaft ist, ist Venedig Kammermusik, oder, wenn man will, Mozart-Oper – Leporello, Cherubino, Figaro –, deren Arien ja auch auf Texte des venezianischen Librettisten Lorenzo da Ponte komponiert wurden.

Wie Matrosen und Schiffskapitäne mögen die Venezianer Haustiere. Sie haben Katzen lieber als Hunde, die in einer Stadt mit so wenig freier Natur unpraktisch sind; die meisten Hunde, die an der Leine spazierengeführt werden, haben etwas Touristenhaftes und gehören gewöhnlich auch Ausländern, Engländern oder Amerikanern. Die Signora hat einen Kater, wie ich aus seinem Kratzen an meinen Fenstern bei seinen Versuchen, hereinzukommen, entdecke. Seine Beharrlichkeit verrät mir, daß er hier wohnt, obwohl die Signora das anfangs nicht zugibt. Er ist ein weiterer D. P., wie der Signore, und wurde für die Zeit, in der die Wohnung vermietet ist, auf die Dachziegel ausgesetzt. *»Permesso«*, sagt die Signora, als sie eines Morgens mit einer Tüte voll Abfällen in mein Wohnzimmer hereinplatzt. Sie öffnet das Fenster und wirft die Tüte hinaus. Der Kater frißt sie mit Heißhunger. *»Poverino«*, ruft die Signora, einen Laut des Bedauerns ausstoßend, während sie entschuldigend in meine Richtung blickt. Ich verstehe nicht, warum sie, wenn der Kater ihr leid tut, ihn nicht zu sich hinauf in die Wohnung nimmt; dort hat sie eine Terrasse. Vielleicht hat der Signore etwas dagegen. Aber *ich* werde ihn nicht bei mir aufnehmen. Die Wohnung ist vollgestopft mit zerbrechlichen Porzellangegenständen, die der Signore erpresserisch hoch bewertet, wie ich bereits erfuhr, als ich ein Stück, das ich mit dem Mantelärmel vom Tisch fegte, ersetzen wollte. Außerdem habe ich Angst vor dem Kater, der wie toll mit seinen Krallen an die Fenster schlägt, wohl wissend, daß nicht ich, sondern er hierhergehört. Sein Leben auf dem Dach hat ihn in einen wahren Tiger verwandelt.

In der Küche wohnten zwei weitere Objekte für den Tierschutzverein, wenn es nur einen solchen in Venedig gäbe; ein Paar Goldfische in einer blauweißen Porzellanschale. Auf dem Boden der Schale liegt ein Haufen Fünf- und Zehn-Lire-Münzen. Das ist alles – kein Grünzeug, keine Algen, kein Unrat. Das Wasser ist klar und still. Die Fische sind außerordentlich blaß, beinahe weiß, als wären sie ausgeblutet, und sehr apathisch, fast dösig in ihren Bewegungen. Als ich die Wohnung besichtigte, bemerkte ich die Fische und nahm an, daß sie mit der Familie nach oben ziehen würden. Aber als ich einzog, waren sie noch immer in der Küche, und die Signora machte ihr demütigstes Gesicht, als wollte sie mich mindestens um eine Million Lire anpumpen, und fragte, ob sie mich störten, ob ich etwas dagegen hätte, wenn sie dablieben. Ich hätte nichts dagegen, erwiderte ich, sie solle mir aber sagen, was sie zu fressen bekämen. *»Niente, niente«* (gar nichts), erklärte die Signora mit einem drolligen Seitenblick; sie liebt Geheimnistuerei. *»Non capisco«*, mußte ich gestehen. *»Niente, niente!«* wiederholte sie, als sei das selbstverständlich. Sie brauchten nicht gefüttert zu werden; das war das Prinzip des Aquariums. Die Münzen erzeugten im Wasser gewisse chemische Substanz, und die Fische nährten sich davon; sie habe sich das an einem Mailänder Brunnen abgesehen. Ich sprach meine Zweifel aus. Diese armen gebleichten Geschöpfe waren sterbend. Ganz und gar nicht, höhnte die Signora; sie besitze sie fast zwei Jahre, und sie seien in ausgezeichnetem Zustand. Zum Beweis dafür tauchte sie ihren langen Zeigefinger mit dem rotlackierten Nagel in das Wasser und kitzelte einen der Fische am Schwanz; er wich matt vor der Berührung zurück. *»Ecco!«* (Da sehen Sie!) sagte sie, öffnete ihr Portemonnaie und warf eine neue Münze in die Schale. Es sei zugleich eine Bank, bemerkte sie: Wenn ich Wechselgeld für meine Frühstückssemmeln benötigte, brauchte ich mir nur etwas von den Fischen zu borgen. Und es gäbe auch nichts zu putzen, zwischen den Fischen und den Lire bliebe das Wasser immer frisch. Ich nickte stumm, da ich nicht fließend genug Italienisch sprach, um mich auf weitere Diskussionen einzulassen.

Als ich in der Küche mir selbst überlassen war, habe ich versucht, sie mit Brotkrümeln zu füttern. Aber sie lehnten diese Nahrung ab, indem sie träge an die Oberfläche schwammen, um jene zu untersuchen und dann, wie appetitlose Kranke, den Kopf abzuwenden; wenn sie ein Bröselchen zu sich nehmen und ihre schlaffen Kiefer kraftlos versuchen, es in den Griff zu bekommen, sinken sie sofort ermattet auf den Grund, bleiben erschöpft auf dem silbrigen Münzenbett liegen. Zweifelos sind sie an ihre Diät gewöhnt, die sie gerade noch am Leben-Sein erhält. Die Signora schätzt es nicht, wenn sie herunterkommt und entdeckt, daß das Wasser von den sich auflösenden Krümeln mehlig geworden ist. Ich schaue ergeben zu, während sie es ausgießt und frisches Wasser einfüllt; die einzige Entschuldigung, die ich für diese ihr bereitete Mühe anführen kann, ist, daß die Fische so blaß aussehen. *»Pallidi, pallidi«*, schimpft sie teils empört, teils lustig. *»Non sono pallidi.«* (»Sie sind nicht blaß.«) Den Gedanken, daß ein Fisch von Hunger weiß werden könnte, findet sie komisch und typisch für einen Ausländer. Und obwohl sie weder Englisch noch Französisch versteht, weiß sie sehr wohl, daß die Fische kritisiert werden, sobald sie Ausrufe von der Küche her vernimmt, wenn ich Gäste habe. *»Pallidi, smorti»* (blaß, weißlich) – wir seien alle gleich, höhnt sie. Was kann ich machen? Ich bin zu feige, um die armen Geschöpfe von ihrem Jammerdasein zu erlösen, was eine ordentliche Portion Fischfutter fast mit Sicherheit bewirken würde. Ich möchte nicht den Zorn der Signora heraufbeschwören; auf ihre schroffe Art hängt sie an diesen Fischen, was auf deren unglaublicher Kraft des Fortbestehens beruht. Deshalb denke ich, daß ich sie am besten so lasse, wie sie sind, und sie als eine Allegorie von Venedig ansehe, von einer Gesellschaft, die gleichsam abgedichtet in ihren Mauern lebte und sich von schnöder Gewinnsucht ernährte. Ehedem flammendrot, ist es heute bleich und todgeweiht, wie der Fisch nach zwei Jahren Diät der Signora.

Ein kommerzielles Volk, das ausschließlich für den Gewinn lebte. Ruskin versuchte zu zeigen, daß dies mit den »degenerierten« Venezianern der Renaissance begann, die ihr Erstgeburtsrecht für ein architektonisches Linsengericht verkauften. Er schilderte das gotische Venedig als eine heilige Stadt im Gepränge seiner Kirchen und Klöster, seiner religiösen Prozessionen und Zeremonien – ein heiliger Garten, der von bescheidenen Handwerkern gehegt, von aufrechten Dogen überwacht und von tapferen Heerführern verteidigt wurde. In dieser mythischen Stadt gab es keine Teilung; alle Klassen wirkten selbstvergessen zusammen, im Glanz eines einenden Glaubens. Eine »edle, männliche« Vorstellung – die Lieblingsadjektive des armen Ruskin, der impotent war, wie seine kindliche Braut enthüllte, die nach einer sechsjährigen Ehe, die nur auf dem Papier stand, um Annullierung einkam. Der arme Ruskin, mit seinem Zollstock und seiner Leiter, ein Verehrer der pragmatischen Fakten, der um einer Einbildung willen mit dem wirklichen Leben und den überlieferten Fakten der Geschichte ständig in Konflikt geriet. Gerade in jener Epoche, in der er ein Vorbild für spätere Zeiten erkennen wollte – der Epoche der Kreuzzüge –, war die venezianische Habsucht ein Skandal in der christlichen Welt, und innerhalb Venedigs lag die Oligarchie mit der Volkspartei im Streit; vor den Toren des Klosters San Zaccaria wurde ein Doge ermordet. Diese Tat zweier venezianischer Kaufleute, die 828 aus dem heidnischen Alexandrien den Leichnam des heiligen Markus entführten – ein Lieblingsthema venezianischer Malerei –, war fast die letzte Tat venezianischer Kaufleute, die »heilig« zu nennen wäre. Während des ersten Kreuzzugs, im Jahr 1100, machten die Venezianer auf ihrer Fahrt nach Jaffa einen Abstecher, um den Leichnam des heiligen Nicholas, Schutzheiliger der Seeleute, aus einem Kloster zu stehlen. 1125 stahlen sie den Leichnam des heiligen Isidor aus dem christlichen Chios. Aus Tyrus wurden 1123 so viele Reliquien erbeutet, daß sie sich auf der Riva degli Schiavoni stapelten, wo die heimkehrenden Schiffe sie abluden. Die kleinen Tabernakel an den Straßenecken stammen von der Eroberung Tyrus', eine »heilige« Unternehmung, die für König Balduin II. von Jerusalem veranstaltet wurde, als Gegenleistung für Zollfreiheit in seinem ganzen Reich, einem Quartier in Jerusalem, Bädern und Öfen in Akka, und einem Drittel von Tyrus und seiner Vororte.

Die Granitsäulen auf der Mole kamen aus Syrien mit dem Dogen Domenico Michiel, und der Bronzelöwe von San Marco war wahrscheinlich uspründlich ein assyrisches Fabeltier, dem die schlauen Venezianer die Heilige Schrift unterschoben. Sankt Theodorus auf der anderen Säule war wohl ursprünglich eine römische Porträtplastik, und das Krokodil (oder was immer es sein soll) besteht aus fünfzig verschiedenen, roh zusammengefügten Einzelteilen.

Beute und Handelsbeziehungen erpreßten die Venezianer unparteiisch von Christen wie von Heiden. Diese Unparteilichkeit führte schließlich dazu, daß man sie, wie zeitweilig auch die Juden, dafür haßte, daß sie »außerhalb« der Interessengemeinschaft standen. Schon zur Zeit des großen Dogen Pietro Orseolo II., Ende des zehnten Jahrhunderts, bestand zwischen Venezianern und Sarazenen ein Handelsabkommen. Sie hatten Konzessionen in Sidon, in Jaffa, in allen Gebieten des schwindenden Byzantinischen Reiches, in Rhodus und Cypern, Chios und Candia sowie in Konstantinopel selbst, wo angeblich zweihunderttausend von ihnen in einem eigenen Stadtteil gelebt haben und so viel böses Blut machten, daß 1171 sämtliche Venezianer im Reich verhaftet wurden und ihr Besitz konfisziert wurde.

Die Kreuzzüge waren ein Glücksfall für Venedig, das die Kreuzfahrer mit Schiffen belieferte und die ganze Sache als Geschäft betrachtete. Es half mit seinen eigenen Truppen in Jaffa und Sidon aus (nach einem vorher festgesetzten Preis), trat selbst aber bis zum vierten Kreuzzug nicht einmal zum Schein für die »Heilige Sache« ein. Villehardouin, der Chronist des vierten Kreuzzugs, schildert eine bewegende Szene auf der Piazza, in welcher der Doge und seine sämtlichen Räte sich »einstimmig« verpflichteten, dem Heiligen Land zu Hilfe zu kommen, das sich in Saladins Gewalt befand. Der Ton des französischen Chronisten, der darüber berichtet, klingt einigermaßen erstaunt; so hatten die Venezianer sich noch niemals benommen. Aber die ritterliche Szene, die mit einer gloriosen Messe in der Markuskirche endete, hatte ein Nachspiel in Form eines Handelsvertrags. Als Gegenleistung für fünfundachtzigtausend Silbermark, in vier Raten zu zahlen, verpflichtete sich Venedig, ein Heer von viereinhalbtausend Pferden, neuntausend Herren, viertausend Rittern und zwanzigtausend gewöhnlichen Soldaten auszurüsten, zu transportieren und sie für ein Jahr mit Lebensmitteln zu versorgen. Als die Kreuzfahrer nicht zahlten, trafen die Venezianer ein neues Abkommen, das sie ermächtigte – bevor sie zur Befreiung Jerusalems schritten –, gegen Zara, einen venezianischen Hafen, zu ziehen, dessen Bevölkerung sich von seinem Handelsherrn losgesagt hatte. Der päpstliche Legat stimmte zu, und ein weiterer bewegender Auftritt erfolgte. Die Einschiffung war ein erhebender Anblick, die große Flotte wurde von der purpurbemalten Galeere des Dogen angeführt (eine neue Farbe aus dem Orient), am Bug stand eine Musikkapelle, die auf silbernen Trompeten blies, während der Doge (fünfundneunzig und blind, sagen die einen; über achtzig und schwachsichtig, die anderen) auf seinem Thron unter einem scharlachroten Baldachin in seinem Mantel aus Goldbrokat saß, neben ihm sein Sohn, der Großadmiral. Die dreihundert Schiffe zogen ihre Banner auf, während die Priester *Veni, Creator Spiritus* anstimmten.

Nach diesem Schauspiel zur See kam das Geschäft. Die Flotte nahm vorsorglich Triest und Muggia, belagerte Zara, eroberte und plünderte es, und ließ es praktisch in Trümmern zurück, als wäre es eine mohammedanische Stadt. Das Heer überwinterte in Zara und wurde durch den alten Dogen (oder, wie manche annehmen, durch die Hohenstaufen, deren gefügiges Werkzeug er aus Habsucht war) bewogen, von Jerusalem abzulassen und nach dem christlichen Byzanz vorzustoßen, mit welchem die Venezianer inzwischen neue Handelsschwierigkeiten hatten und das bessere Plünderungsmöglichkeiten bot. Der Papst drohte mit dem Kirchenbann, aber man kümmerte sich nicht um ihn. Byzanz wurde eingenommen, ein Marionettenkaiser eingesetzt, gestürzt, und schließlich machten sich die Kreuzfahrer zum Herrn des Reichs; sie teilten es auf, und die Venezianer erhielten das berühmte »Viertel und Halbviertel« – die Kykladen und Sporaden sowie viele Küstenstädte in Epirus, am Adriatischen Golf und längst der albanischen Küste; sie kauften Kreta vom Marquis von Montferrat, der selbst keine Verwendung dafür hatte.

Das war der Anfang der Venezia Dominante und das Ende des Oströmischen Reiches. Unter einer Reihe von fränkischen Grafen wurde ein Lateinisches Reich errichtet mit dem Namen Romania. Mit der Zeit eroberten die Griechen, unter Michael Palaeologus, Konstantinopel zurück und vertrieben den letzten der »Kaiser«. Aber der vierte Kreuzzug war für die Christenheit verhängnisvoll gewesen, und das geschwächte, zerstückelte Reich wurde die Beute der Türken. Der Fall Konstantinopels bezeichnete das Ende der venezianischen Beteiligung an dem heiligen Werk der Kreuzfahrer. Nachdem sie bekommen hatten, was sie wollten – ihr »Viertel und Halbviertel« plus Kreta –, zogen sich die Kaufleute von Sankt Markus auf Nebengebiete zurück. 1268 unterschrieben sie einen Transportvertrag mit Ludwig IX. von Frankreich, Saint Louis, erst wieder für den achten Kreuzzug. Im selben Jahrhundert verpfändete Kaiser Balduin II. seine Dornenkrone an die venezianische Familie Morosini gegen ein Darlehen von siebentausend Dukaten; ja, er verpfändete sie sogar zweimal. Später verpfändete er seinen Sohn Paul an einen Kardinal von Venedig. Der Knabe wurde von Saint Louis ausgelöst. Ende des Jahrhunderts lag der päpstliche Bann auf der Stadt, die zugleich (wie man glaubte) auch vom Himmel durch Erdbeben und Überschwemmungen dafür heimgesucht wurde, daß sie mit einem der Palaeologen einen Antikreuzzug-Vertrag geschlossen hatte. Nicht lange darauf unterzeichneten die unverbesserlichen Venezianer einen Vertrag mit den Türken und begannen mit »Waren, die für Christen verboten waren«, Handel zu treiben – nämlich mit Sklaven, Waffen und Holz für Schiffbau; das entsprach heutigen Lieferungen von Kriegsmaterial an Länder hinter dem Eisernen Vorhang. Die einzigen ernsthaften Kämpfe, die die Venezianer damals im Heiligen Land ausfochten, waren Kämpfe mit ihren Handelsrivalen, den Genuesern. Trophäen ihres Sieges bei Akka stehen auf der Piazettaseite des Markusplatzes: die Pietro del Bando, eine gedrungene, rötliche Säule, von der aus die Gesetze der Republik proklamiert wurden, und die beiden seltsam verzierten Säulen, syrische Kunst des fünften oder sechsten Jahrhunderts.

Aber die reichste Beute brachte die Plünderung von Konstantinopel ein, die 1204 unter dem blinden Dogen erfolgte: die vier kleinen Porphyr-Mohren (die man eigentlich für vier gemeinsam regierende römische Kaiser hielt); die Pferde (die auf hohen Sockeln im Hippodrom gestanden hatten, was ihnen das Leben rettete, als die Kreuzfahrer die Stadt in Brand setzten); die wundertätige Ikone der Markuskirche, die Madonna Nicopeia, angeblich von Sankt Lukas gemalt; der obere Teil (wahrscheinlich) der Pala d'Oro, das großartige Altarbild der Markuskirche, aus Gold, Edelsteinen und Email. Nach Entrichtung einer Gebühr stehen heute die Touristen Schlange, um es großäugig zu bestaunen. Dieser obere Teil wurde, meint man, aus der Kirche des Pantokrators entwendet. Aus Konstantinopel stammt mit Sicherheit eines der unteren Paneele, auf der die Jungfrau zwischen der Kaiserin Irene und dem Kaiser Johann II. Komnenos dargestellt ist, welcher zum Dogen Ordelaffo Falier wurde. Derartige gewandte Verwandlungen fielen den einfallsreichen Venezianern leicht – das Fabeltier, das zum geflügelten Löwen, der Kaiser, der zum Heiligen wird. Kaiser Justinian, der Nasenlose, auf der Fassade der Markuskirche, ein syrisches Porträt aus dem achten Jahrhundert, wird von den Venezianern Graf Carmagnola genannt, nach dem General, den sie nebenan auf der Piazetta enthaupteten. In gleicher Weise werden, durch eine bezeichnende Verdrehung, volkstümlicher Überlieferung zufolge, aus den vier kleinen gestohlenen Kaisern vier Sarazenen, die in Stein verwandelt wurden, als sie den Schatz der Markuskirche rauben wollten, vor der sie, sich umarmend, stehen.

Von außen gleicht die Markuskirche, wie häufig gesagt

wird, einem orientalischen Pavillon – halb Vergnügungsstätte, halb Kriegszelt eines großen Satrapen. Von innen wirkt diese dunkle kreuzförmige Höhle, funkelnd von Gold und Edelsteinen, eingelegt mit kostbarem orientalischem Gestein, Jaspis und Alabaster, Porphyr und Achat, gestützt von Säulen aus dem gleichen Material, wie eine Räuberhöhle. In der Kruzifix-Kapelle, deren pyramidenförmiges Marmordach, das von einem riesigen Stück orientalischen Achats gekrönt und von sechs Säulen aus schwarzem und weißem afrikanischem Marmor getragen wird, steht ein bemaltes Kruzifix von besonderer Heiligkeit, das aus Konstantinopel entwendet wurde. In dem Atrium, rechts und links des Sankt-Clemens-Portals, stehen zwei Paar schwarze und weiße Marmorsäulen, mit prachtvollen Löwen- und Adlerköpfen aus gelblichem Elfenbein; der Überlieferung nach stammen sie aus dem Tempel des Salomo in Jerusalem. Aus Tyrus stammt der große Granitblock vom Berg Tabor auf dem Altar in der Taufkapelle – angeblich der Stein, auf dem Christus zu beten pflegte. In der Zen-Kapelle ist die Wand mit rosa- und grüngeädertem Marmor eingelegt, angeblich die Grabsteine der byzantinischen Kaiser.

In der Kapelle Sankt Isidors schläft der Heilige, den man aus Chios raubte; zwei Jahrhunderte versteckte man ihn, aus Furcht vor Konfiszierung. Der aus Byzanz gestohlene heilige Theodor wurde nach San Salvatore überführt. Der heilige Markus selbst war eine beträchtliche Zeit verlorengegangen, nach einem Brand 976, der den größten Teil der frühchristlichen Kirche zerstörte; er bekundete seine Anwesenheit, indem er den Arm herausstreckte. Er war nicht der ursprüngliche Heilige von Venedig, sondern sozusagen ein Usurpator, der den heiligen Theodor verdrängte. So war er, der Schutzpatron, selbst eine Art diebischer Kuckucksvogel, und seine Kirche, die nur die Privatkapelle des Dogen war, kopierte ihn, indem sie die Ämter von San Pietro in Castello usurpierte, dem Sitz des Patriarchen und der (bis vor ganz kurzer Zeit) wahren Kathedrale Venedigs. Im gleichen Stil ließen sich die ersten Dogen in der Vorhalle der Markuskirche begraben, in Sarkophagen, die ihnen nicht gehörten und aus denen sie die Gebeine alter Heiden und Paleo-Christen verdrängten.

Im Gegensatz zu Rom oder Ravenna oder dem nahegelegenen Verona besaß Venedig anfänglich nichts Eigenes. Venedig, als Stadt, war ein Findling, der auf den Wassern daherschwamm wie Moses in seinem Binsenkorb. Daher mußte es einfallsreich sein, mußte stehlen und improvisieren. Die ursprüngliche Lage gebot Klugheit und Anpassungsfähigkeit, und die Anfänge der ersten venezianischen Kaufleute waren typisch für eine »self-made«-Gesellschaft. Die Markuskirche ist (buchstäblich) ein leuchtendes Beispiel für diesen Geist der Initiative, für diese Gabe, zu improvisieren und alles zu berechnen. Wie die meisten venezianischen Kirchen ist sie aus Ziegeln gebaut, weil Ziegel am leichtesten zu haben waren. Ihre äußere Schönheit stammt von dünnen Marmorauflagen, mit denen die Ziegelmauern furniert sind, als wäre sie nichts anderes als ein Möbelstück. Dieser Marmor war größtenteils Kriegsbeute, wie auch die Säulen und Auflagen im Innern, und er wurde fast aufs Geratewohl aufgesetzt, ohne einem Kunstprinzip zu folgen, Grün neben Rot, rosa- oder rotgeädertem Weiß, nur zur unmittelbaren Freude für das Auge. Auf der Piazetta-Seite wirkt das wie eine heitere, abstrakte Malerei. Parvenü-Kunst, mehr wie Malerei als Architektur (könnte Herbert Spencer sagen), aber es »funktionierte«. Die Marmorfurniere der Markuskirche gehören, besonders wenn sie regenüberströmt wie imprägnierte Seide aussehen, zum Schönsten in Venedig. Und gerade weil sie so dünn sind und nur wie ein schimmernder, hauchartiger Überzug wirken, sind sie so schön. Ein Palast aus purem Marmor sieht im Regen bloß verwaschen aus.

Die Markuskirche als Ganzes ist, außer man sieht sie aus einiger Entfernung oder in der Dämmerung, nicht schön. Die modernen Mosaiken (siebzehntes Jahrhundert) gelten allgemein als außerordentlich häßlich, und mir mißfallen auch einige der gotischen Plastiken der Mauertürmchen. Die Pferde, die farbigen Marmorfurniere, die byzantinische Madonna der Front, das alte Mosaik zur Linken, die Marmorsäulen des Portals, die Goldintarsien darüber, die fünf grauen Kuppeln mit ihren seltsamen Verzierungen – das sind die Einzelheiten, die bezaubern. Was den Rest anbelangt, so schaut man lieber nicht zu genau hin, sonst erscheint einem das Ganze als kitschig, als ein Mischmasch, wie so viele Kritiker gesagt haben. Das Ganze ist nicht schön, und ist es dennoch. Es kommt auf das Licht und die Tageszeit an, oder darauf, ob man die Augen zukneift, so daß es wie eine flache, gemalte Kulisse erscheint. Und es kann einen überrumpeln, wenn man es am wenigsten erwartet, und schön oder schauderhaft häßlich aussehen. Henry James sagte von Venedig, es sei so wechselnd wie eine nervöse Frau, und das trifft besonders auf die Fassade der Markuskirche zu.

Aber warum sollte es denn überhaupt schön sein? Warum sollte Venedig, abgesehen von seiner Lage, ein Ort der Verzauberung sein? Scheinbar steht man einem Paradox gegenüber. Ein kommerzielles Volk, das ausschließlich für den Gewinn lebte – wie konnte dies eine Traumstadt erschaffen, strahlend und schön wie ein Märchen? Das ist das Verwirrende an Venedig, der ewige Widerspruch, dem man begegnet, wenn man den Versuch macht, über seine Geschichte *nachzudenken* und die historischen Tatsachen mit den visuellen, die man ja vor Augen hat, in Einklang zu bringen. Es kann nicht sein, daß Venedig nur ein glücklicher Zufall oder eine Frage der Beleuchtung ist. Ich habe lange darüber nachgedacht, aber jetzt komme ich darauf, wie das einem mit den meisten Rätseln geht, daß die Antwort in der Fragestellung enthalten ist. »Schön wie ein Traum oder Märchen ...« Da gibt es keinen Widerspruch, sobald man einmal überlegt, welche Formen der Schönheit aus Märchen aufsteigen. Es sind Formen des Geldes. Gold, goldene Truhen, silberne Truhen, die Müllerstochter, die – dank Rumpelstilzchen – nächtelang Gold spinnt, die Höhle Ali Babas, voll von gestohlenem Gold und Silber, der unterirdische Garten, in dem Aladin auf Bäumen wachsende Edelsteine fand, die er mit Händen greifen konnte, Rubine, Brillanten und Smaragde, die schöne Königstochter, deren Haar schwarz wie Ebenholz und deren Mund rubinrot ist, Schätze in Wäldern verborgen, Schätze, von Hunden bewacht, deren Augen groß wie Karfunkel sind, Schätze, von Drachen gehütet – das ist der Geist der Verzauberung, der auf Venedig ruht, perlweiß und rosenrot, wie Dornröschen gebannt und unverändert durch die Jahrhunderte, während der Zementwald der modernen Welt es immer dichter umschließt.

Eine ganz materialistische Stadt ist nichts anderes als die Materialisierung eines Traums. Venedig ist das Unbewußte der Welt: der funkelnde Schatz eines Geizhalses, von einem Tier gehütet, dessen Augen aus weißem Achat sind, und von einem Heiligen, der in Wirklichkeit ein Prinz ist, der eben einen Drachen erlegt hat.

Eine Liste der Waren, mit denen die ersten Venezianer handelten, erregt staunende Verwunderung: Wein und Korn aus Apulien, Juwelen und Narkotika aus Asien, Metallgeräte, Seide und goldgewirktes Tuch aus Byzanz und Griechenland. Das sind die Gaben der Weisen aus dem Morgenland, mit den Worten des englischen Kirchenlieds »Perlen aus dem Ozean, Edelsteine aus den Bergen; Myrrhen aus dem Wald und Gold aus dem Schacht der Erde.« Im Mittelalter hatte der Doge unter anderem einen rechtmäßigen Anspruch auf Äpfel aus der Lombardei und Scampi und Kirschen aus Treviso – das venezianische Gemüt, nur am Unmittelbaren und Greifbaren interessiert, hinterläßt dem unseren klare, taufrische Bilder aus den Märchen.

3

Natürlich war nicht Shylock der Kaufmann von Venedig. Der Kaufmann war Antonio, der Held. Shylock war lediglich ein Geldverleiher. Aber der Volksglaube will diese Unterscheidung nicht machen und hält noch immer an der Ansicht fest, daß Shylock der Kaufmann war und mithin alle venezianischen Kaufleute Shylocks waren. Darin spiegelt sich der Ruf, den die Venezianer in der Außenwelt genossen. Sie waren für ihre gerissenen Geschäftsmethoden bekannt, für ihr Cliquenwesen, ihre geschickte Diplomatie und ihre gottlose Weltlichkeit – Züge, die man gemeinhin den Juden nachsagt. Der Antisemitismus wird häufig auf einen mittelalterlichen Haß gegen den Kapitalismus zurückgeführt. Für den mittelalterlichen Geist war der Jude der Kapitalist par excellence. Aber das läßt sich auch vom Venezianer sagen, dessen Palast zugleich sein Waren- und Handelshaus war. Sicherlich hatte der Haß, den die Venezianer im Mittelalter und der Frührenaissance erregten, die Welle des Abscheus, die Europa ergriff und im Cambrai-Bund gipfelte, etwas Irrationales, Überhitztes, das dem modernen Antisemitismus glich.

Die Venezianer wurden mehr gefürchtet, als sie verdienten. Man schrieb ihnen grenzenlosen Ehrgeiz zu; man beschuldigte sie, die Weltherrschaft anzustreben, woran sie doch kaum gedacht zu haben scheinen. Selbst Machiavelli fiel auf diesen Mythos herein, und die Sprache des Vertrags von Cambrai, der von den meisten Großmächten der christlichen Welt unterzeichnet wurde, nimmt die Protokolle der Weisen von Zion vorweg – ein Fall von Massenhysterie, den ein politischer Abenteurer inszenierte, nämlich Kaiser Maximilian. Anfang 1509, vom Papst unterstützt, veröffentlichte dieser deutsche Fürst ein Manifest, in welchem er die Venezianer bezichtigte, »den Untergang zu planen«, und er rief alle Völker auf, sich an einer gerechten Rache zu beteiligen, und »die unersättliche Habsucht der Venezianer und ihren Machtdurst wie eine Feuersbrunst zu beseitigen«. Dabei war es in Wirklichkeit Maximilian, der sogenannte »letzte Ritter«, wie man ihn nannte, der ein universales Reich plante und kurz darauf die Idee hatte, sich selbst zum Papst zu machen. Aber die Christenheit stimmte mit ihm überein, daß Venedig der wahre Feind sei. Der König von Frankreich, der König von Spanien, der König von Ungarn, der Herzog von Mailand und der Herzog von Savoyen waren auf seiner Seite. Der Papst, Julius II. (Freund von Raffael, Michelangelo und Bramante), tat Venedig in den Bann und erklärte den Krieg gegen die Stadt zum heiligen Kreuzzug, in dem alle Mittel gerechtfertigt seien. Das Ergebnis war nicht so schlüssig, wie vielleicht zu erwarten gewesen wäre; die Verbündeten wurden uneins, und Venedig wurde nur zum Teil zerstückelt. Immerhin war dieser heilige Krieg gegen Venedig ein moralischer Schock, von dem es sich nicht mehr erholte. Sein Abstieg als Macht datiert von der Cambrai-Periode. In einem solchen Ausmaß und mit so wenig Anlaß abgelehnt zu werden, ist beunruhigend für eine Nation, die vor allem in politischen Fragen rational denkt.

Es gab einige, die es kommen sahen. 1423 berief der alte Doge Tommaso Mocenigo die obersten Beamten an sein Totenbett, um sie vor einer territorialen Expansion und dem Mißtrauen, das eine solche erregen würde, zu warnen. Er argumentierte mit trockenen Zahlen: sechs Millionen Dukaten jährlich an Exporten, mit einem jährlichen Gewinn von zwei

Millionen; dreitausend Schiffe von zweihundert Tonnen, mit siebzehntausend Matrosen bemannt; dreihundert Schifffahrtsfirmen mit achttausend Angestellten; fünfundvierzig Galeeren mit elftausend Matrosen, dreitausend Schiffbauer und dreitausend Kalfaterer; dreitausend Seidenweber, sechzehntausend Barchentweber ... Diese Investitionen könnten nur durch eine friedliche Politik geschützt werden. Die andere Richtung führe zu universaler Ablehnung, zu Kriegen im Ausland und zum Bankrott daheim. Wenn »der junge Prokurator« Francesco Foscari (achtundvierzig Jahre alt) zum Dogen ernannt werde, »wird, wer zehntausend Dukaten besitzt, tausend haben; wer zwei Häuser besitzt, eines haben; Ihr werdet Euer Gold und Silber, Eure Ehre und Euren Ruf verspielen. Statt Herr in Eurer Stadt zu sein, werdet Ihr der Gnade Eurer Truppen und ihren Führern ausgeliefert sein«. Der junge Prokurator *wurde* gewählt, und die Prophezeiung des alten Dogen bewahrheitete sich. Foscaris Kriegsabenteuer vermehrten zwar Venedigs territorialen Besitz auf dem Festland, machten die Venezianer aber viel ärmer und, wie Mocenigo gesagt hatte, abhängig von ihren Militärs, Glücksrittern wie General Carmagnola, der, nachdem er für seine Tapferkeit bezahlt worden war, es vorzog, sich in den Bädern von Lucca zu ergehen, statt für die Republik zu kämpfen. Jedoch, selbst unter dem »jungen Prokurator« mangelte es der venezianischen Außenpolitik an Schwung und Festigkeit. Sie schwankte unentschlossen hin und her, da die Kaufleute des Senats immer geteilter Meinung darüber waren, ob denn diese Landkriege letzten Endes so gut für das Geschäft seien, wie die Kriegspartei behauptete. Bei dem geringsten Rückschlag erhoben sich nörgelnde Stimmen, die Frieden verlangten. In all den konfusen Kriegen Francesco Foscaris war die einzige militärische Tat, die resolut und rasch vollzogen wurde, die Verhaftung des Generals Carmagnola – sobald sie einmütig beschlossen war. Er wurde im Dogenpalast festgenommen und höflich den Weg zum Gefängnis gewiesen, ehe noch er oder irgend jemand draußen etwas vom Verdacht der Republik gegen ihn wußte. Unter der Folter gestand er. Er wurde des Hochverrats angeklagt und enthauptet. Und alles geschah ohne Federlesens, so daß nicht einmal sicher ist, ob der unglückliche Geldgierige nicht sogar unschuldig war. Das übrige Europa staunte; das war doch nicht die Art und Weise, wie man *condottieri* behandelte. Aber in solchen summarischen Verfahren, sozusagen am häuslichen Herd, waren die Venezianer groß.

In ihrer Frühzeit, unter byzantinischem Einfluß, blendeten sie gern ihre Dogen über einem brennenden Kohlenbekken. Vier Dogen widerfuhr diese Strafe im achten und neunten Jahrhundert. Später wurde eine Verfeinerung eingeführt; der irrende Doge wurde vom Volk ergriffen, das ihm den Bart abscherte und ihn zwang, sich in ein Kloster zurückzuziehen, oder aber ihn nach Konstantinopel verbannte. Das geschah in drei Fällen. Andere Dogen flüchteten heimlich in Kloster, damit sie nicht von ihren Untertanen ermordet wurden; einer davon, Pietro Orseolo, lebte nach seiner Flucht noch neunundzwanzig Jahre ein frommes Leben und wurde schließlich heiliggesprochen. Bis 1172 waren von fünfzig Dogen neunzehn getötet, verbannt, verstümmelt oder abgesetzt worden. Das Kloster San Zaccaria, unweit des Markusplatzes, das übrigens ein Geschenk der Nonnen an einen der Dogen war, erwies sich für mehrere Träger des Dogenhuts als verhängnisvoll. Pietro Tradonico wurde dort 864 beim Verlassen der Abendandacht erschlagen. Tribuno Memmo wurde 992 gezwungen, sich dorthin zurückzuziehen. Nach der Ermordung von Tradonico schuf man einen neuen und (wie man hoffte) sicheren Eingang in das Kloster, auf der anderen Seite von SS. Filippo und Giacomo aus. Aber die Ereignisse bewiesen, daß dem nicht so war. Der Doge Vitale Michiel II. wurde 1172 vor dem Tor niedergeschlagen, als er zur Freistätte eilte.

Der junge Prokurator selbst wurde, als er alt geworden war, in kurzem Prozeß abgesetzt, weil er die Partei seines Sohnes ergriff, den die Venezianer zu Unrecht verurteilt hatten. Nach seiner Absetzung sandte er eine rührende Botschaft an einen alten Edelmann, mit dem er befreundet war, eine Botschaft, welche die vertriebenen Könige Shakespeares heraufbeschwört. »Mein lieber guter Freund«, schrieb er an Memmos Sohn Jacopo, »sag ihm (deinem Vater), er soll mich besuchen. Wir werden eine vergnügliche Bootsfahrt machen und zu den Klöstern rudern.«

Die Venezianer waren nicht sentimental; sie waren tüchtig. Die Vergangenheit galt ihnen erst etwas, wenn sie durch Ritual vergoldet war. Sie warfen ihren größten Admiral, Vetto Pisani, ins Gefängnis wegen einer einzigen Niederlage zur See, die in Wirklichkeit ihre eigene Schuld war. Als Sansovinos Saaldecke in der Alten Bibliothek einstürzte, sperrten sie ihn sofort ins Gefängnis, ungeachtet der Schönheiten, die er zu der Architektur Venedigs beigesteuert hatte. Die berühmten Geheimnisse der venezianischen Geschichte, die Verschwörung Marino Faliers, die spanische Verschwörung, sind deshalb geheimnisvoll, weil die Republik so prompt reagierte, daß niemand wußte, was geschehen war, und die Bevölkerung sich ihren eigenen Reim darauf machen mußte. Im Mai 1618 sah man eines Morgens auf der Piazza zwei Tote, am Bein aufgehängt zwischen Galgen. Sir Henry Wotton, der englische Dichter und Botschafter James' I. an der Republik, schrieb an Buckingham, daß er die beiden Leichen zwischen »den beiden Todessäulen« des Markusplatzes hängen sah. Etwa einen Tag später kam eine dritte Leiche hinzu. Dort hingen sie – als stumme Warnung – während der gesamten Feiern, die der Dogenwahl folgten und der Vermählung mit der Adria am Himmelfahrtstag. Wer die Toten waren oder was sie verbrochen hatten, erfuhr niemand; einem Gerücht zufolge war eine Verschwörung unterdrückt worden. Eine spanische Verschwörung, sagten die einen; eher eine französische, meinten die anderen. Die Toten waren drei Franzosen. Das ist das einzige, was man mit Bestimmtheit von der Spanischen Verschwörung weiß, dem Thema von Otways *Venice preserved.*

In Ermangelung von Fakten sind die venezianischen Ereignisse von Gerücht und Dichtung umwittert. Marino Falier, der zur höchsten Elite gehörte, den Petrarca als einen berühmt klugen Menschen schildert, der zum Dogen gewählt wurde, ohne daß er sich darum beworben hätte, verschwor sich jäh, nach acht Monaten der Machtausübung, im siebenundsiebzigsten Lebensjahr, die Republik zu stürzen und sich zum Fürsten zu erklären, mit Hilfe der Arsenalarbeiter und anderer unzufriedener Plebejer und Leuten des Mittelstands sowie einem gewissen Calendario, dem Erbauer des Dogenpalasts. Falier bekannte sich schuldig, aber seine Motive blieben unbekannt und ebenso dunkel wie der leere Fleck in dem Saal des großen Rats, wo einst in der langen Reihe der Dogenporträts sein Bildnis hing. Laut einer der Legenden hatte ein junger Edelmann seine Frau beleidigt; darüber war der alte Mann so erzürnt, daß er sich gegen seinen eigenen Stand wandte. Der Volksglaube schrieb die ganze Angelegenheit einem unerklärlichen Nebel zu, der plötzlich im Hafen aufstieg, als Falier in dem Bucintoro eintraf, um sein Amt anzutreten, so daß er bei San Giorgio in Alega landete. *»Sinistro pede palatium ingressus«*, schrieb Petrarca. Infolge des Nebels betrat er den Palast sozusagen mit dem linken Fuß, indem er, statt den üblichen Weg über die Strohbrücke zu nehmen, zwischen den beiden Säulen auf dem Molo hindurchging, wo Hinrichtungen stattfanden. Wie dem auch sei, er wurde acht Monate später geköpft; sein Leib wurde in einen gewöhnlichen Kahn vom *traghetto* gelegt – wie sie damals während der Großen Pest (1348) in Gebrauch waren; mit dem Ruf »Haben Sie Leichen?« sammelten die Bootsmänner die Toten ein und fuhren sie zu den Friedhöfen.

Marino Falier, der symbolisch ein Pestkranker war, wurden für seine Überführung in die Familiengruft in SS. Giovanni und Paolo vier Fackeln, ein einziger Priester und ein Meßknabe bewilligt. Byron schrieb über ihn ein Theaterstück.

Der Architekt Calendario wurde für seine Teilnahme an der Verschwörung erwürgt und zwischen den beiden roten Säulen auf der Loggia des Dogenpalasts, die auf die Piazetta blickt, aufgehängt. Angeblich wurden sie rot von dem Blut, das bei dieser und anderen Gelegenheiten an ihnen herabfloß. Hier findet sich übrigens wieder ein Fall von Verdoppelung. Es gibt *zwei* Paar »todbringender Säulen«, eines auf dem Molo, und das kleinere rote Paar auf der Loggia des Dogenpalastes. Beide wurden für öffentliche Hinrichtungen benutzt, und aus den Berichten ist schwer zu ersehen, welche gemeint sind. Wotton schrieb an Buckingham, daß der Henker es im allgemeinen vorzog, seine Opfer in aller Stille in dem Canal degli Orfani, »einem der tiefsten Kanäle«, zu ertränken. Dieser »Waisenkanal« wird eigentümlicherweise den Touristen heute nicht gezeigt, was überraschend ist, da Venedig die Erinnerung an seine schwärzesten Taten besonders kultiviert, wie zum Beispiel »die Schandsäule, die dem Bagiamonte Tiepolo, einem anderen adligen Verschwörer, auf dem Campo Sant' Agostino, wo früher sein Haus stand, errichtet wurde. Im achtzehnten Jahrhundert eignete sie sich ein reicher Patrizier zur Dekoration für seine neue Villa bei Padua an, aber eine kleine Tafel im Pflaster vermerkt die Stelle. Ein lustiges Liedchen im venezianischen Dialekt erzählt die Geschichte »des großen Herrn«, der mit wehendem Banner die Merceria heraufmarschierte, nur um festzustellen, daß die Volksstimmung sich gegen ihn gewandt hatte:

»Del mille trecento e diese
A mezzo el mese delle ceriese
Bagiamonte passo il ponte
El per esso fo fatto el consegio di diese.«

»Eintausenddreihundertundzehn,
Mitten im Monat der Kirschen,
Schritt Bagiamonte über die Brücke,
Deshalb schuf man den Rat der Zehn.«

Sein Bannerträger, der die Fahne mit der Inschrift »Freiheit« wehen ließ, wurde von einem Ziegelstein erschlagen, den eine Frau aus dem Volk von ihrem Balkon hinunterwarf – ein böses Omen für einen Volksaufstand. Gleich hinter dem Uhrenturm befindet sich über dem Portal der Capello Nero ein Relief, das »Die alte Frau mit dem Ziegelstein« heißt. Unten auf der Straße bezeichnet ein kleiner weißer Stein die genaue Stelle, wo der Ziegel aufschlug.

Die *ricordis* oder Erinnerungen von heute sind die Mahnungen oder Warnungen von gestern. Und das suggeriert wiederum eine Politik von alten Männern, eine Bankhaus-Politik, die gleichsam in einer Reihe von Sinnsprüchen ihre Bürger ständig daran gemahnt, daß Ehrlichkeit die beste Politik ist. Jene Leichen, die auf dem Molo (oder auf der Loggia des Dogenpalastes) hingen, jene Schandsäule, der leere Fleck an der Wand, wo ein Doge ausgelöscht wurde – das sind keine barbarischen Zeichen der Rache, sondern tägliche Mahnungen, wie sie über den Pulten von Buchhaltern in einem großen altmodischen Bureau hätten hängen können. Die

Geschichte Venedigs (im Gegensatz zu den Festspielen Venedigs) ist merkwürdig farblos. Ein Doge wird, nach langen Jahren im Dienst des Staats, in derselben nüchternen Weise abgesetzt, wie ein Angestellter entlassen wird. »Sie sollten lieber abdanken«, warnten die Zehn den greisen Foscari. »Ich danke nicht ab; Sie werden mich hinauswerfen müssen«, antwortete der irrende Doge. Man erwartet vom einzelnen, daß das Interesse der Firma ihm vorgehe, und der einzelne figuriert kaum in den Berichten der Firma, es sei denn, er hat sich etwas zuschulden kommen lassen. Horatio Brown erwähnt die Kargheit biographischen Materials über die großen Männer Venedigs; er bemerkt, daß es schwer sei, die Geschichte eines Staats zu schreiben, in der nichts Persönliches über seine Feldherren und Staatsmänner bekannt ist. Dadurch schützte sich die Republik einerseits gegen die Einmischung des Volks und andrerseits gegen Bekundungen von Individualität bei der Aristokratie. Ihre Führer sind alle Untergebene, und ihre einzige Heldin, die arme Königin von Zypern, Caterina Cornaro, die widerstandslos ihre Krone an die Republik aushändigte, gewann ihren Platz in der Geschichte durch einen Akt der Entsagung. Wotton schreibt, daß absichtlich Dogen ausgesucht wurden, deren Leben begrenzt schien, und beschreibt einen Kandidaten, der Gebrechlichkeit vortäuschte, weil er damit hoffte, gewählt zu werden.

Der venezianische Staat war ein geschlossener Konzern. Nach 1287 konnte niemand Beamter sein, der nicht im Goldenen Buch eingetragen war – die alten Urkunden der Nobilität, die schließlich zur Zeit Napoleons am Fuße des Freiheitsbaums verbrannt wurden. Die Maschinerie für die Wahl eines Dogen glich in ihrer vervollkommneten Form einem komplizierten Alarmsystem gegen Einbrecher; kein Unbefugter gelangte hinein, und sie reagierte auf die kleinste atmosphärische Störung. Aus dem Großen Rat, der anfänglich aus vierhundertachtzig, später sechshundert und schließlich zwölfhundert Edelleuten bestand, wurden neun durch das Los bestimmt, um vierzig Wähler zu wählen, die von einer Majorität von wenigstens sieben beglaubigt werden mußten. Diese vierzig zogen Lose, um zu bestimmen, welche zwölf weitere fünfundzwanzig mit einer Majorität von mindestens sieben wählen sollten. Diese fünfundzwanzig zogen daraufhin Lose, um zu sehen, welche neun, mit einer Majorität von mindestens sieben, fünfundvierzig zu wählen hätten. Schließlich zogen diese fünfundvierzig Lose, um elf zu bestimmen, die dann für einundvierzig stimmten, welche ihrerseits den Dogen mit einer Majorität von mindestens fünfundzwanzig erkoren.

Laut Wotton war die Methode der Dogenwahl angeblich von einem Benediktiner erfunden worden, und »der ganze geheimnisvolle Rahmen schmeckt sehr nach Kloster«. Der Doge führte ein klösterliches Dasein in dem exquisiten Gefängnis des Dogenpalasts. Er mußte bei seinem Amtsantritt einen Dogeneid schwören, und dieser Eid, der immer länger wurde, war nichts anderes als eine Liste von Dingen, die er versprach, nicht zu tun. Ihm durfte kein Besitz außerhalb der Republik gehören. Auch durften seine Söhne und Töchter ohne die Erlaubnis des Großen Rats keine Ausländer heiraten. Es war ihm verboten, sein Wappen zur Schau zu tragen. Kein Mitglied seiner Familie durfte einen politischen Posten bekleiden. Er wurde gleichsam umstellt von den Vierzig, von der Obrigkeit der sechs Dogenräte, von dem Senat, von den sechzehn Großen Weisen, von den Zehn und (nach Cambrai) von den Drei Großinqusitoren, die nur ein Jahr dienten und in deren Händen sich die gesamte Aufsicht über die öffentliche Sicherheit und die private Moral befand. Nach dem Tod des Dogen wurde eine Wachsfigur, sein Ebenbild, im Piovego-Zimmer im ersten Stock des Dogenpalastes aufgebahrt und eine Prüfung seiner sämtlichen Amtshandlungen vorgenommen. Diese symbolische Puppe im Dogengewand und Dogenhut unterschied sich nicht wesentlich von dem Lebenden, der bei Umzügen wie ein Heiligenbild oder eine Reliquie in einer Sänfte herumgetragen wurde.

Der Doge war nicht der einzige Gefangene des Systems. Es war eine Falle, in der jeder venezianische Edelmann, sobald er mündig wurde, sich fing. Im Alter von fünfundzwanzig Jahren wurde ein junger Aristokrat in den Irrgarten von Pflichten und Zeremonien eingeführt – der ebenso dekorativ wie beengend war, wie der im achtzehnten Jahrhundert entstandene Irrgarten der Pisani im Park ihrer Villa in Stra. Kein Mitglied des Großen Rats (d. h. kein Mitglied des Adels) durfte mit Ausländern verkehren. Wotton entdeckte eines Morgens Antonio Foscarini, den ehemaligen Boschafter für England, von einem Galgen auf dem Markusplatz an einem Beine hängend; seine Beziehung zu Lady Arundel, einer Engländerin, hatte genügt, ihn des Hochverrats anzuklagen, obgleich er nur in sie verliebt war. Die drei Capi der Zehn – die mächtigsten Mitglieder der Bürokratie, bevor die Inquisitoren sie verdrängten – mußten streng getrennt von der übrigen Gesellschaft leben, mußten zu Hause bleiben und durften während ihrer Amtszeit, die auf einen Monat beschränkt war, mit niemandem verkehren. Die Kleidung war dem Adel vorgeschrieben, obwohl manche seiner Mitglieder verarmt waren. Bettler in Seide – dem vorgeschriebenen Stoff für Edelleute – waren in Venedig ein gewohnter Anblick. Selbst über den Inquisitoren schwebte ein Damoklesschwert, das mit ihrem Amt zusammenhing: die Möglichkeit, später zur Rechenschaft gezogen zu werden für Handlungen, die sie während des Jahrs ihrer Machtausübung begangen hatten. Wotton berichtet uns von einem Leonardo Mocenigo, der zum

Kapitän zur See ernannt wurde und den Posten ablehnte, weil er die Ernennung als eine Falle betrachtete, die ihm von Feinden gestellt worden war, die er sich als Großinquisitor gemacht hatte. Aber Flucht stand einem solchen Menschen nicht offen; ihm war nicht gestattet, sich in ein Privatleben zurückzuziehen und zu verschwinden. Der Rat der Zehn bestrafte ihn für seine Ablehnung.

Lange vor Casanova war der Terror, den die Inquisitoren ausübten, sensationell geworden. Aber so durchgreifend, wie von ihnen behauptet wird, waren sie gar nicht. Ihre Erlasse, besonders auf dem Gebiet privater Moral und Kleidung, wurden offen mißachtet, und die ausländischen Botschaften gaben Mördern und Strauchdieben Asyl, die jeder Obrigkeit trotzten. In dieser Atmosphäre privater Gewalttätigkeit erschienen die Inquisitoren zuweilen geradezu gütig, wie platonische Wärter. Und im Gegensatz zum modernen Polizeistaat, mit welchem Venedig oft verglichen wird, hatte es Angst vor der Macht und sorgte für deren Einschränkung und Abschreckung. Ihm lag im Grund nur am Geschäft. Seine Außenpolitik hatte selbst in seiner Expansionsphase stets ein vorsorgliches Ziel: den Schutz der Märkte. Engstirnige, kurzsichtige Männer, engstirnige Scheuklappenpolitik – ihre Feinde schmeichelten der Republik, wenn sie ihr Herrschaftsgelüste unterstellten. Wo immer sie Land eroberte, tendierte sie dazu, die alten Gewohnheiten anzunehmen, die sie sich im elften und zwölften Jahrhundert im Nahen Osten zugelegt hatte. Der alte Dandolo lehnte nach der Einnahme von Konstantinopel die Krone ab. Wie seine Vorfahren war er es zufrieden, andere herrschen zu lassen. Er hatte sein »Viertel und halbes Viertel« des Römischen Reichs gefordert, wie seine Vorfahren ein venezianisches Viertel, mit Bädern und Öfen für die venezianischen Kaufleute, gefordert hatten. Den unterworfenen Ländern wurde von Venedig eine gemäßigte Selbstherrschaft angeboten; Venedig konnte sich nicht mit dem schwierigen Regierungsapparat eines Kaiserreichs belasten. Der Erfolg dieser maßvollen Politik war, daß es viele italienische Gebiete, die es durch den Bund von Cambrai verloren hatte, wiederbekam. Treviso, Verona, Padua, Vicenza – sie kehrten freiwillig zurück, nachdem sie den Stiefel des Unterdrückers erst wirklich zu spüren bekommen hatten.

Venedig war nie feudal, und es eignete sich niemals eine feudale Gesinnung an. Wegen seiner uneinnehmbaren Lage, von Lagunen wie mit Burggräben umgeben, benötigte es keine Mauern oder Befestigungen oder grölende Soldateska. Seine Edelleute trugen keine Titel, nur die Bezeichnung »N. H.« für Edelmann. Die heutigen Grafen sind eine Schöpfung der Österreicher. In seinen Heldentagen besaß es ein Bürgerheer, und es war der letzte italienische Staat, der sich Söldnerführer mietete. Im Grunde war der Bürger in seinem Heim, im friedlichen Genuß seines Besitzes, ein venezianisches Ideal. Vernünftig, friedfertig, ein Land, dem es nur auf den Absatz ankam, nicht abergläubisch und sich, laut Wotton, im allgemeinen nicht um Voraussagen kümmernd, sondern wo jeder mit sich selbst beschäftigt war. Der Zweck der komplizierten Staatsmaschinerie bestand gerade darin, eine Regierungs*maschine* zu schaffen, in der Wille und Leidenschaften der Menschen keine Rolle spielten; die venezianische Regierung war eine Erfindung im Bereich der politischen Wissenschaft, eine patentierte Vorrichtung, durch die, nicht unähnlich dem Goldfischglas der Signora, alle Komponenten sich aufheben und ein vollkommenes Gleichgewicht erreichen sollten. Wenn die Maschine zum Frankenstein-Ungeheuer ausartete, so war das ein paradoxes Ergebnis der ursprünglichen Absicht. Durch irgendein Gesetz der Beschränkung neigt jeder Versuch, etwas Vollkommenes zu entwickeln, dazu, sein Gegenteil hervorzurufen: wie etwa die

Forderung nach vollkommener Liebe vollkommenen Haß zeitigt.

Die Venezianer wurden, wie schon gesagt, auf eine sehr ähnliche Art gehaßt wie die Juden, weil sie außerhalb der Interessengemeinschaft lebten. Sie wurden gehaßt und beneidet, und sie wußten es. Sie waren ein Volk für sich, gleich den Juden, die Kinder eines Auszugs. Ihr erstaunliches Überleben gab ihnen in gewissem Sinn etwas Auserwähltes. Sie betrachteten sich als die wahren Erben Roms, und das war in einem gewissen Sinn auch richtig. Die venezianische Republik war der einzige Staat, der aus den Trümmern des Römischen Reichs intakt hervorging. Die Venezianer wurden ursprünglich auf den Inselchen von Tribunen regiert. Ihre Patrizierdemokratie entsprach derjenigen der römischen Republik. Ihre Feldherren und Admiräle, die in Zeiten der Gefahr aus ihrem bürgerlichen Leben zu Führern berufen wurden, hatten viel von Cincinnatus an sich. Die Angst vor dem Königtum (eine fast manische) war römisch; das waren andererseits auch ihre sexuellen Laster und ihr raffinierter sinnlicher Luxus, der einen oft an Pompeji denken läßt. Auch ihr praktischer Sinn und ihre Geldgier erinnern an die römischen Kapitalisten, an Crassus, den Triumvir der späten Republik. Das Erbe Roms ist offensichtlich, jedoch fehlt die römische Gewöhnlichkeit, die Gewöhnlichkeit des Reichs und seiner aufgeblasenen, wahnsinnigen, vergotteten Kaiser. Die Venezianer scheinen, als abschreckenden Anschauungsunterricht, die römische Spätzeit ständig vor Augen gehabt zu haben. Deshalb beschnitten sie die Macht ihrer Dogen und ließen ihre militärischen Führer nicht hochkommen; zehn Jahrhunderte lang waren sie von der Angst vor Cäsar besessen. *»Morte ai tiranni«*, soll die alte Frau gekreischt haben, als sie den Ziegelstein nach Bagiamonte warf. Die Venezianer stellen sich hauptsächlich als die Erben der vergangenen Republik dar, ein auserwähltes Geschlecht, das in einer Stadt, die dem himmlischen Jerusalem vergleichbar ist, fortdauert: ». . . die Straßen blitzen von Jaspis, die Tore strahlen von Gold, beseligend flutet der Strom und gießt himmlische Freuden aus.«

Zweifellos haben sie sich nicht mit jenem anderen auserwählten Volk verglichen, dem sie gestatteten, unter ihnen zu leben, aber dennoch bestand eine unausgesprochene Verwandtschaft. Der venezianische Jude genoß im Mittelalter eine bevorzugte Stellung. Er durfte Darlehensbanken einrichten, »zur Unterstützung der Armen«, durfte Handel mit dem Orient treiben, den Arztberuf ausüben und alte Kleider verkaufen – Konzessionen, die heute nicht besonders großartig erscheinen, aber einen hohen Grad von Toleranz seitens der Republik beweisen. Ansässige Juden mußten den gelben Hut tragen (später einen roten), aber mit besonderen Juden wurden häufig Ausnahmen gemacht. Am erstaunlichsten war, daß die Behörden keine Judenverfolgungen zuließen. Während der starken antisemitischen Strömungen, die 1475 Italien durchzogen, ordnete der Doge einen Schutz für die Juden an und verbot aufhetzende Predigten. Das war nur einer der zahlreichen Erlasse, mit denen die Leidenschaft der Mönche gezügelt wurde, die nach Venedig kamen und den Tod der Juden predigten. Zwei schlimme Vorfälle ereigneten sich. Einige Juden aus der Nähe von Treviso wurden 1480 von der Republik auf dem Scheiterhaufen verbrannt wegen eines angeblichen Ritualmordes an einem Kind, und die ganze jüdische Gemeinde wurde wegen des gleichen Verdachts 1485 aus Vicenza ausgewiesen. Aber das waren jedenfalls Amtshandlungen. Was die Republik ihren Bürgern auf keinen Fall konzedierte, war das Recht, jüdischen Personen und jüdischem Eigentum willkürliche Gewalt anzutun – ein Recht, das der übrigen Christenheit eigentlich angeboren zu sein schien. Daß die Juden, im Gegenteil, Rechte hatten, war der Kern venezianischen Rechts, dessen Geist von Shakespeares Kaufmann Antonio genau zusammengefaßt wird:

»Der Doge kann des Rechtes Lauf nicht hemmen,
Denn die Bequemlichkeit, die Fremde finden
Hier in Venedig, wenn man sie versagt,
Setzt die Gerechtigkeit des Staats herab,
Weil der Gewinn und Handel dieser Stadt
Beruht auf allen Völkern . . .«

»Gewinn und Handel dieser Stadt« – hier klingelt die venezianische Geschäftskasse, denn wenn die Republik die Juden auch duldete, so tat sie das um einen Preis. Kein Jude, auch kein in Venedig geborener, durfte sich ohne Erlaubnis dort aufhalten, die ein beträchtliches Geld kostete und alle fünf, sieben oder zehn Jahre gegen einen zusätzlichen Betrag erneuert werden mußte. Von Zeit zu Zeit pflegte die Republik eine Ausweisung der Juden zu erwägen, nahm aber dann umgehend davon Abstand, nach Verhandlungen mit den wichtigsten Juden der Stadt, wobei ein Handel zustande kam, ein ziemlich einseitiger Handel, denn die Juden hatten im allgemeinen keine andere Möglichkeit, als den Preis zu bezahlen, den die Republik für die Fortsetzung ihrer Toleranz forderte. Die Auffassung, daß ein Jude Rechte besaß, hat nichts mit Gleichberechtigung zu tun; die Juden hatten *spezifische* Rechte, Rechte, für deren Genuß sie bezahlen mußten.

Die Venezianer waren tolerant, aber das Ghetto war eine venezianische Erfindung, ein typisches Exemplar venezianischer Maschinerie, dazu bestimmt, die Juden – während man von ihnen profitierte – »in Schranken zu halten«, genau wie man den Dogen »in Schranken hielt«. Das Wort Ghetto kommt von dem venezianischen Wort Gießerei, und das Ghetto, in das die Juden am Tag nach Pfingsten 1516 eingewiesen wurden, war die Neue Gießerei, wo früher Kanonen gegossen worden waren. Mit dieser Idee wollte man die Frage der jüdischen Flüchtlinge lösen, die sich während der Kriege des Cambrai-Bunds aus den Städten des Festlands nach Venedig retteten.

Die venezianische Geographie machte die Absonderung leicht. Die Neue Gießerei lag auf einer Insel, auf welcher die Juden nach Einbruch der Nacht eingeschlossen wurden. Die drei Tore wurden geschlossen und zugesperrt; christliche Wächter, von den Juden bezahlt, wurden anfänglich in Booten auf dem Kanal postiert. Die Außenfenster der Häuser wurden mit Brettern vernagelt, so daß das Ghetto der Stadt ein blindes Antlitz zuwandte. Am Morgen, wenn die Marangona läutete, wurden die Tore wieder geöffnet. Das Neue Ghetto war für deutsche und italienische Juden gedacht; für die Levantiner kam später die Alte Gießerei oder das Alte Ghetto hinzu. Als Überfüllung zu einem Problem wurde, baute man hohe, wolkenkratzerartige Häuser, die noch heute auf dem Hauptplatz des Ghetto Nuova zu sehen sind – ein seltsamer, malerischer Anblick, als würde, einer Prophezeiung vergleichbar, ein modernes Elendsviertel in einer antiken Sprache ausgedrückt.

Die Venezianer hatten, wie man sich denken kann, viel Sinn für die malerische Seite. Das Ghetto wurde fast gleich nach seiner Entstehung zu einer Sehenswürdigkeit für die Touristen. Thomas Coryat, ein Engländer, der zu Fuß von Somerset nach Venedig reiste, beschreibt seine Wanderungen durch das Ghetto im Jahre 1608. Die Juden jener Zeit waren wohlhabend und wohlgestaltet, die Frauen, sagte er, gehörten »zu den schönsten, die ich je gesehen habe; mit ihren prächtigen Kleidern, ihrem kostbaren Schmuck, ihren Goldketten und Edelsteinringen, ihren fürstlichen Schleppen und besonderen Schleppenträgerinnen können sie es mit jeder englischen Gräfin aufnehmen«. Er geriet in einen theologischen Disput mit einem Rabbi und wurde von ihm besiegt. 1629 besuchte der Herzog von Orléans, Bruder des Königs von Frankreich, das Ghetto mit seinem Hofstaat und hörte sich eine Predigt in der spanischen Synagoge an. 1635 wurde die Synagoge von Longhena restauriert und vergrößert.

Ich besuchte sie zu Jom Kippur und stand in der Frauengalerie. Unten, unter der dunklen, schweren geschnitzten Dekke, wurde der Gottesdienst von ein paar Männern und Knaben intoniert, die Hüte amerikanischen Stils trugen. Heute gehört das Ghetto zu den ärmsten Vierteln Venedigs, im nördlichen Stadtteil, westlich davon steht, in melancholisches Licht getaucht, San Giobbe, Sinnbild der Geduld, und östlich davon die verlassene Abtei von Misericordia, Sinnbild der Barmherzigkeit. Es zieht nicht mehr viele Touristen oder Venezianer an; es ist der einzige Stadtteil, in welchem ich Kinder betteln sah. Aber im achtzehnten Jahrhundert kamen Priester und Patrizier dorthin, um einen berühmten Rabbi predigen zu hören; Benedetto Marcello, der venezianische Komponist, besuchte es, um sich für seine Psalmen inspirieren zu lassen. Es war eines der großen Zentren rabbinischer Kultur in Europa, während außerhalb der Ghettotore im sechzehnten und siebzehnten Jahrhundert das christliche Venedig selbst Sitz der hebräischen Buchdruckerei war. In Wissens- und Bildungsfragen sowie für die Beschaffung kostbaren Mobiliars wandte sich das Ausland an die venezianischen Juden im roten Hut. Heinrich VIII. holte den Rat eines venezianischen Rabbiners für seine Scheidung gegen Katharina von Aragonien ein. Ein anderes jüdisches Wunderkind, der dem Glücksspiel verfallene Rabbi Leone da Modena, wurde von Henry Wotton angeworben, um für den pedantischen König James I. einen Bericht über jüdische Riten und Zeremonien zu schreiben. Den größten Teil der Einrichtung seines Palastes an dem Canal Grande mietete sich der Botschafter von einem Juden namens Luzzati, der ihn auch mit Bildern, Hellebarden, Rüstungen und Waffen belieferte – die Dekorationsgegenstände der Epoche. Fremde, die vorübergehend Palazzi mieteten, pflegten sich an jüdische Altwarenhändler für Luxusartikel zu wenden, die vom Adel verkauft oder verpfändet waren: Tapisserien und Tafelsilber, Veroneses und Tizians, sogar Gondelausstattungen.

Aber für all das forderten die Venezianer in der Tat ein Pfund Fleisch. Die jüdische Gemeinde wurde in jeder Beziehung geschröpft. Da das Gesetz es den Juden verbot, Land zu besitzen, zwang der Staat sie dazu, das gesamte Ghetto durch einen langjährigen Vertrag zu pachten. Am Tag, da die Juden einzogen, wurden die Mietpreise um ein Drittel hinaufgesetzt. Im Lauf der Jahre zogen viele Juden wegen der venezianischen Ausbeutung nach Holland; andere starben an der Pest. Aber die Gemeinde fuhr fort, Miete für leerstehende Häuser zu zahlen – so lautete der Vertrag. Sie wurden für alles herangenommen, für Steuern, Tributzahlungen, für das Heer, die Marine, für die Erhaltung der Kanäle; sie wurden gezwungen, ihre Darlehensbanken weiterzuführen und ihren Zoll für dieses Vorrecht an die Regierung abzuführen, auch als jene schon längst nicht mehr rentabel waren. Sie durften ihr Geschäft nicht aufgeben, wie auch der Doge sein Amt nicht ablehnen oder aufgeben durfte. Diese unbarmherzige Politik dauerte bis zu dem Punkt, als 1735 die *Inquisitori sopra gli Ebrei* dem Senat gestehen mußten, daß die Juden unter ihrer Aufsicht zahlungsunfähig geworden waren und die Gemeinde durch einen offiziellen Staatserlaß bankrott erklärt wurde. Aus ihnen war nichts mehr herauszuholen, räumten die realistisch denkenden Venezianer ein und schrieben das Konto mit einem Achselzucken ab, das im allgemeinen als jüdisch gilt.

Als Napoleon 1797 die Tore des Ghettos öffnete, war es kaum mehr als eine Reihe von Armenhäusern, die von der Handvoll noch verbliebener geschäftstüchtiger Juden erhalten wurde. Auf dem Campo wurde ein Freiheitsbaum errichtet, und die Priester der umliegenden Kirchen kamen herbei, um die Carmagnole zu tanzen und sich mit den ausgehungerten Überlebenden der venezianischen Toleranz zu verbrüdern. Die Juden durften sich fortan frei bewegen, aber dazu hatten sie, laut einer venezianischen Überlieferung, nicht mehr die Kraft. Deshalb sind sie noch immer dort.

Wahrlich, eine traurige Geschichte, aber nicht ohne ironischen Aspekt, sogar ein typisch jüdischer Witz, resigniert und trocken. Denn natürlich war auch die Republik bankrott. Sie hatte wie eine Heuschrecke gelebt, während der beladene Jude sich wie eine Ameise geplagt hatte – und das Resultat war das gleiche. Der Venezianer von heute hat einen Zug spöttischer Bitterkeit: zweifellos die Folge seines Himmelssturzes. Jedoch fühlt er sich noch immer als doppelt auserwählt: für Schicksals Gunst wie für Schicksals Lohn, einerseits für besondere Schicksalsgunst auserkoren und andererseits vom Schicksal verhöhnt. Die Venezianer, heißt es allgemein, sind nicht wie die anderen Italiener. Die Venezianer sind ernst und würdevoll, Menschen von formvollendeter Höflichkeit; zugleich aber sind sie ironisch und außerordentlich schlagfertig. Sie sind friedfertig und passiv geworden – gewaltlos. In Venedig gibt es kaum Verbrechen.

Dieses friedfertige Naturell, diese Trockenheit, diese Formvollendetheit – alles überschattet von einer gewissen fernen Trauer –, diese eingegrabenen Charakterzüge suggerieren eine »jüdische« Strähne in der Natur des Venezianers. Die dunkeläugigen venezianischen Würdenträger, mit den hochangesetzten Nasen, von Tizian und Tintoretto, sehen wie Priester des Alten Testaments aus; die Propheten des Alten Testaments in der venezianischen Kunst sind stets absolut überzeugend, wie auch die biblischen Szenen Jacopo Bassanos, die wie ein Bildbericht über das Leben in Kanaan anmuten, wo patriarchalische Stammeshäuptlinge mit ihren Frauen, Söhnen und Konkubinen ihre gutgenährten Herden weideten. Abgesondert, sehr verhaßt, hatten die venezianischen Kaufleute in gewisser Weise am jüdischen Schicksal teil, das mit ihrem eigenen, allgemein als »orientalisch« bezeichneten Stoff durchsetzt war. Die Juden waren die letzten Vertreter des orientalischen Bazars, die in Venedig blieben; als im Ghetto des achtzehnten Jahrhunderts der Davidstern unterging, erlosch auch Venedig.

4

»*Che vuol dire Calvinista? Siamo Cristiani quanto il Papa e cristiani moriremo a dispetto di chi non lo vorria.*« »Calvinist – was heißt das? Wir sind genauso gute Christen wie der Papst, und wir werden als Christen sterben, ob das anderen paßt oder nicht.« So sprach – schroff – Leonardo Donato und wies damit die Anklage wegen Ketzerei zurück, die man während des Streits mit Papst Paul V. gegen die Republik erhoben hatte. Die Venezianer bezeichneten sich stets als ebenso gute Christen wie den Papst, wenn nicht gar bessere. Hatten sie nicht, 855, Benedikt II. im Nonnenkloster San Zaccari Asyl gewährt, als er sich vor dem Gegenpapst Anastasius verstekken mußte? Hatten sie nicht, 1177, den Kaiser Friedrich Barbarossa gezwungen, in der Vorhalle der Markuskirche den Fuß des Papstes zu küssen und auf der Piazza das päpstliche Maultier zu halten, während der Heilige Vater aufstieg – eine Intervention, die dem Dogen den Ring eintrug, mit welchem er sich am Himmelfahrtstag der Adria vermählte, der Ring, der die neue venezianische Selbstherrlichkeit versinnbildlichte, denn der Doge, der bisher an diesem Feiertag auf das Meer hinausgefahren war, um von seinen Sünden gereinigt zu werden, kam jetzt, mit dem päpstlichen Segen, als sieghafter Bräutigam (»Meer, wir vermählen dich uns, als Zeichen wahrer und ewiger Herrschaft«)? Gewiß, als Donato sprach, war das Bild, das Barbarossa darstellt, wie er Alexanders Fuß küßt, soeben – 1603 – in den Saal des Großen Rats gehängt worden, dessen ganze Nordwand Werken gewidmet war, die

Friedrichs Demütigung und Venedigs Eintreten für die päpstliche Sache feiern: »Der Doge Sebastiano Ziani, den Papst erkennend, der sich im Carità-Kloster verbarg« – »Der Papst gibt in der Markuskirche dem Dogen die weiße Wachskerze als Sinnbild seiner Herzogswürde« – »Der Papst segnet die Armada des Dogen, als sie gegen Friedrich ausfährt« – »Der Doge empfängt vom Papst ein geweihtes Schwert« – »Der Doge empfängt den Ring« – »Der Doge empfängt den goldenen Sonnenschirm« usw. – Ereignisse, die größtenteils erfunden, aber von den Söhnen, Gehilfen und Epigonen Tintorettos, Bassanos und Veroneses verherrlicht sind.

Città apostolica e santa – mit ihren über hundert Kirchen, ihren Feiern und Prozessionen, ihren religiösen Orden und Bruderschaften und den Vogel-Chören der Nonnen hatten die Venezianer sich vor dem Heiligen Stuhl selbst in einer Weise ausgezeichnet, die ihre Stadt Rom gleichstellte. Sie hatten für die Christenheit gegen die Türken gekämpft, während die Christenheit untätig zusah. Einer ihrer Feldherrn, Marcantonio Bragadin, der tapfere Verteidiger von Zypern, war von den Ungläubigen verstümmelt und dann bei lebendigem Leibe auf dem öffentlichen Platz von Famagusta geschunden worden; seine Haut wurde mit Stroh gefüllt und unter einem roten Sonnenschirm durch die Straßen getragen. Dieser Strohmann wurde, auf eine Rahnock gehißt, in das türkische Arsenal gebracht, wo er neun Jahre lang blieb, bis die Schiffer von San Marco ihn stahlen und nach San Gregorio zurückbrachten.

Das war venezianische Frömmigkeit, aber die katholischen Mächte lächelten hinter der vorgehaltenen Hand darüber, wie Venedig von Mohammed zugesetzt wurde. Nicht lange vor Famagusta formulierte du Bellay, Neffe des Kardinals, das boshafte Lächeln in einem Sonett, das die Sposalizio (den Bund mit dem Meer) verhöhnte:

«. . . ces vieux coquz vont épouser la mer
Dont ils sont les maris et le Turc l'adultère.«

»Diese alten Hahnreie« verdachten es den katholischen Mächten mit Recht, daß sie ihnen im Kampf gegen den türkischen Feind nicht beistanden, so daß nur ein Bastard-Fürst, Don Juan von Österreich, »der von zweifelhaftem Stand und halb ehrloser Herkunft« war, ihnen bei ihrem großen Sieg bei Lepanto zu Hilfe kam, einem Sieg, der dank des Verrats von Spanien nie ausgewertet wurde, weil Spanien der Anblick eines venezianischen Schiffes nicht gefiel, das mit roten türkischen Fahnen (heute noch im Museo Correr zu sehen), die vom Heck schleiften, und mit türkischen Turbanen, die auf dem Deck aufgestapelt waren, in den Lido einfuhr. »Sie hassen uns, weil sie uns beneiden, und weil sie uns hassen, stellen sie uns Fallen«, wie Morosini sagte. Spanien konnte es nicht ertragen, daß *»questa sola repubblica, questo sol angelo d'Italia«* unabhängig sein sollte.

Wer war denn, bei Licht besehen, christlicher als sie – fragten die Venezianer. Es beleidigte sie, daß man sie der Ketzerei bezichtigte, wie das ja bei Ketzern gewöhnlich der Fall ist: Tito behauptete stolz, ein zumindest ebenso guter Kommunist zu sein wie Stalin, und Luther wähnte sich orthodoxer als seine Gegner.

In Wirklichkeit war am Verdacht des Heiligen Stuhls mehr daran, als der erbitterte Donato, der alsbald Doge wurde, zugab. 1605, als er sich zornig dagegen verwahrte, war Venedig noch nicht protestantisch – *noch nicht,* hätte Sir Henry Wotton hinzugefügt. Der englische Botschafter war (obgleich die Venezianer es abstritten) genau das, was der Papst von ihm behauptete: ein Geheimagent des Protestantismus, der darauf hinarbeitete, die Republik dem alten Glauben zu entwöhnen. Die Kurie beklagte sich, daß Wotton gefährliche

Schriften nach Vendig einführte, und der Doge erwiderte: »... es ist der Republik unmöglich, die Koffer des englischen Botschafters zu durchsuchen, wenn wir völlig gewiß sind, daß er ein sehr zurückgezogenes und ruhiges Leben führt und keinerlei Skandal verursacht. Wir wissen nichts von diesen gefährlichen Schriften, und wenn sie existierten, wäre uns das zu Ohren gekommen, denn in religiösen Fragen stellen wir uns nicht blind.« Aber gerade das tat der Doge, wie wir aus Wottons Briefen an seinen protestantischen Herrn, James I., wissen. Die Republik wußte sehr gut, daß Wotton eifrig protestantische Bibeln – von dem Calvinisten Diodati ins Italienische übersetzt – einführte, um sie unter das Volk zu bringen; die Botschaft strotzte von antikatholischer Literatur, einschließlich dem eigenen Werk von James, *Basilikon Doron,* einer flammenden Schrift, die dem Dogen zu überreichen Wotton tatsächlich die Kühnheit besaß.

Unter der Aufsicht des päpstlichen Nuntius fühlte der Doge sich genötigt, das Geschenk auszuschlagen (und sich darob privat bei Wotton zu entschuldigen). Aber Wotton konnte seinem königlichen Herrn berichten, daß hier fruchtbarer Boden sei, fruchtbarer Boden für Proselytenmacherei und für eine neue protestantische Allianz, an der sich die Republik beteiligen würde. So seltsam das heute erscheint, einen Augenblick lang war das eine historische Möglichkeit. In dem Großen Rat befand sich, wie ein anderer Agent berichtete, eine Gruppe evangelischer Edelleute, wovon dreißig anerkannte Protestanten waren. Unter der Bevölkerung gab es vier- bis zehntausend »von der Religion«, darunter allerdings viele Fremde, die die Toleranz der Republik genossen. Marot, du Bellays Feind, war kurz zuvor dort gewesen, nachdem er wegen Verdachts der Ketzerei aus Frankreich fliehen mußte. In der Tat wimmelte Venedig nicht nur von Protestanten, sondern von bloßen Verdächtigen, Flüchtlingen vor der Inquisition sowie vielen Atheisten, orthodoxen Griechen und Juden. Im vorangehenden Jahrhundert hatte Lorenzo Lotto auf Bestellung Porträtbilder von Luther und seiner Frau gemalt – erfundene Bildnisse, da er die Dargestellten nie gesehen hatte. Ein venezianischer Schriftsteller, Alvise Cornaro, erklärte, daß Venedig drei Unsitten in Italien eingeführt habe: erstens Liebedienerei und höfische Formen, zweitens Luthertum und drittens Ausschweifung. Wichtiger jedoch als die Anwesenheit aller möglichen Andersdenkenden war für Wottons Hoffnungen die Tatsache, daß viele Mitglieder des Klerus unzufrieden, der Kurie und den Jesuiten feindlich gesinnt und bereit waren, sehr offen die Möglichkeit eines Bruchs mit Rom zu erörtern. Zu diesen Zweiflern gehörte der große Servitenmönch Paolo Sarpi, einer der hellsten Geister jener Zeit, der zum Hauptberater der Republik in dem Streit mit der Kirche wurde, welcher schließlich in der Exkommunikation und dem Kirchenbann von 1606 gipfelte. Wotton war darüber hocherfreut, wie auch Seine Majestät in London. Beide zweifelten nicht an der Kraft der Republik, den päpstlichen Bann zu überdauern. Die heilige, apostolische Stadt war es gewohnt, unter dem Kirchenbann zu leben. Der erste fand 1173 statt, nur vier Jahre vor Barbarossas Besuch, als die Venezianer unter demselben Dogen Ziani, bei demselben Papst Alexander III. Anstoß erregten, weil sie bei baulichen Verbesserungen, die sie am Markusplatz vornahmen, die alte Kirche von San Geminiano zerstörten (»Dieser Papst war sehr schnell mit Bann und Exkommunizierung bei der Hand – er war es, der Heinrich II. wegen der Ermordung von Thomas Becket mit der Bannbulle drohte und Wilhelm den Löwen von Schottland in den Bann tat« –, und er hatte auch viele Schwierigkeiten mit Gegenpäpsten.) Als es 1309 zum dritten Kirchenbann kam, löste die Vertrautheit mit dem *Anathema sit* bei den Venezianern nur noch

Verachtung aus. »Kinder erschrecken vor Worten; tapfere Männer fürchten nicht einmal die Schwertspitze«, sagte der Doge Pietro Gradenigo. Für die Venezianer war der heilige Markus ebenso gut wie der heilige Petrus. In ihrer Frömmigkeit waren sie autark. Sie hatten sogar ihre eigenen Heiligen, zum Beispiel San Rocco, den die Venezianer heiliggesprochen hatten, »der Papst aber noch nicht«, wie Wotton es ausdrückte.

Die moralischen Schrecken des Banns bedeuteten diesem unabergläubischen Volk gar nichts, das lediglich für seinen Handel fürchtete, den die christlichen Nationen an sich raffen konnten. Bei dem vierten Bannfluch 1481 stellte sich der Patriarch von Venedig krank, um den Kurier mit der päpstlichen Bulle nicht empfangen zu müssen. Inzwischen informierte er heimlich die Zehn, die ihm geboten, sich nicht darum zu kümmern. Der Patriarch gehorchte, und den Befehlen des Papstes zum Trotz wurden wie üblich Messen gelesen, Kinder getauft und die Sterbenden mit den Sterbesakramenten versehen. In erster Linie hielt der venezianische Klerus zur Republik, und wenn ein Geistlicher das vergaß, waren die Zehn da, um ihn daran zu mahnen. 1606 fand ein Priester, der sich weigerte, die Messe zu lesen, einen Galgen vor seiner Kirche vor – eine Zeichensprache, der er prompt gehorchte. Ein anderer Priester in Padua verkündete, daß er auf die Eingebung des Heiligen Geistes warte; der Statthalter ließ ihm sagen, daß der Heilige Geist bereits den Zehn eingegeben habe, jeden zu hängen, der nicht gehorchte.

Dieses einfache Beispiel venezianischen Humors – trocken, bitter und bündig – bewirkte sofortigen Gehorsam. Unter dem venezianischen Klerus gab es keine Märtyrer, keinen Thomas Becket oder Thomas Morus. Wie alle echten Venezianer lebten sie im Hier-und-Jetzt. Der Papst war in Rom, und Gott war im Himmel, aber *sie* waren in Venedig. Die Jesuiten, die Theatiner und die Kapuziner gehorchten der Bulle und wurden des venezianischen Landes verwiesen. Bei den Jesuiten war der Vorwand willkommen, denn die Republik hatte nichts für diese Vertreter der streitbaren Kirche übrig, ebensowenig wie sie für die fremden Mönche übriggehabt hatte, die gekommen waren, um Unruhe zu stiften, indem sie die Vernichtung der Juden predigten.

Friede und Ordnung (besser fürs Geschäft) waren die Parolen der Republik, die nur die eigene Autorität anerkannte. Die Inquisition mit ihren »Hunden Gottes« war nie in Venedig willkommen. Sie wurde nur zögernd und in gemäßigter Form zugelassen, indem man sie der Aufsicht von drei venezianischen Bürgern unterstellte, den *Savii all'heresia,* deren Aufgabe nicht darin bestand, Ketzerei herauszuschnüffeln, sondern venezianische Bürger vor Willkürhandlungen der Inquisition zu schützen. Die Venezianer bestraften Priester und Mönche für Unzucht, Falschmünzerei und andere Verbrechen, indem sie sie in einen Käfig steckten, der, an einem Balken befestigt, in halber Höhe des Campanile zu einem der Fenster heraushing. Ein Priester brachte im fünfzehnten Jahrhundert ein ganzes Jahr dort zu. Bei Wasser und Brot gehörten diese straffälligen Geistlichen zu den Zirkusattraktionen der Piazza, im Wettbewerb mit den Gauklern und Quacksalbern und den Buden, die Glasperlen, Spitzen und Glaswaren feilboten. Man verkaufte Balladen über sie, wie die »Klage des Pater Augustin«, der wegen Glücksspiels und Gotteslästerung zum Käfig verurteilt worden war, sowie die »Klage der Geliebten Pater Augustins«, die sich Vogelschwingen wünscht, um ihren verlassenen Freund in seinem Bauer auf dem Campanile trösten zu können.

Solche spektakulären Strafen mißfielen der Kirche, die das Recht für sich beanspruchte, Geistliche zu verhören und zu richten. Und gerade wegen eines solchen Falls, von »zwei kriminellen Geistlichen«, entlud sich das Gewitter des Jahres 1606, wobei der Mönch Paolo Sarpi sich zum Verteidiger der weltlichen Macht aufschwang. Hinzu kam noch eine Eigentums- und Steuerfrage der Kirche. Als der Bann ausgesprochen wurde, konnte Wotton in seinem Palst nicht umhin zu jubilieren, denn diesmal schien der Bruch entscheidend. Ein halsstarriger Papst, ein halsstarriger Herrscher – es würde eine Wiederholung von Heinrich VIII. und Clemens VII. werden. Jeder Engländer mußte die Analogie empfinden. *Questa sola repubblica, questa sol angelo d'Italia* hatte die gleichen unabhängigen, maritimen Gelüste wie ». . . dies gekrönte Eiland, dies Land der Majestät, der Sitz des Mars, dies zweite Eden, halbe Paradies, dies Bollwerk, das Natur für sich erbaut . . . dies Volk des Segens, diese kleine Welt, dies Kleinod, in die Silbersee gefaßt, die ihr den Dienst von einer Mauer leistet« – eine Beschreibung, die auch als Beschreibung von Venedig gelten könnte. Aber die Analogie war unvollständig. Wotton war nicht imstande, die Möglichkeit eines Kompromisses vorauszusehen – weil er eben kein Venezianer war.

Das Resultat des Kirchenbanns, der ein Jahr dauerte, war ein typisch italienischer Handel. Venedig erklärte sich bereit, die beiden schuldigen Priester an den Botschafter auszuliefern, »ohne damit die Gerichtsbarkeit des Dogen über Geistliche zu präjudizieren«. Der Botschafter überantwortete sie dem französischen Kardinal Joyeuse, während die Republik sich blind stellte. Dafür gab die Kirche in der Frage von Besteuerung und Kircheneigentum nach. Rom hatte, im ganzen gesehen, verloren, aber Venedig blieb katholisch.

Jedoch hatte Wotton nicht ganz unrecht, wenn er in dem satirischen Serviter das Zeug zum Märtyrer erkannte. Die Kurie grollte weiter. Monate nach dem Vertrag, da angeblich alles in Ordnung war, wurde Sarpi beinahe zum Märtyrer, durch Mörder, die sich, vom Papst gedungen, eines Abends auf ihn stürzten, als er, nur von einem Laienbruder und einem betagten Edelmann begleitet, in sein Kloster in der Nähe von San Fosca heimkehren wollte. Die Straßen waren leer, weil die Bewohner dieser Gegend zu dieser Stunde – wie gewöhnlich – im Theater waren. Es wurde mehrmals auf ihn eingeschlagen, und er blieb scheinbar tot am Boden liegen, von einem Dolch durchbohrt, der vom rechten Ohr bis an das Jochbein drang. Man trug ihn heim ins Kloster, während Frauen von einem Balkon aus mit Armbrüsten auf die Mörder schossen, und schließlich erholte er sich. Man zeigte ihm den Dolch, während er noch immer zwischen Tod und Leben schwebte, und er begrüßte ihn mit einem Ausspruch, der an Schärfe dem Degen glich. »Ich erkenne den *Stil* der römischen Kurie«, bemerkte er auf lateinisch, mit einem Wortspiel auf das Wort *stilus*, das sowohl *Stil* wie *Stilett* bedeutet.

Mit der gleichen Gemütskühle hängte er den Dolch als ex voto in seiner Klosterkirche, Santa Maria dei Servi, auf, wo ihn venezianische Patrioten entfernten, als die Kirche von Napoleon entweiht wurde. Heute ist von der Kirche nur ein Waisenhaus übrig, das von Nonnen geführt wird. Besichtigen kann man es nicht. Aber hinter hohen, efeubewachsenen Mauern verbirgt sich ein Garten und ein reizendes gotisches Portal in verschiedenfarbigem Marmor, von dem sich ein Blick erhaschen läßt. Unweit davon, auf dem Campo von Santa Fosca, steht eine ziemlich schlechte Statue des Mönchs, die 1892 errichtet wurde. Als Sarpi starb (mit einundsiebzig Jahren), wurde ihm vom Senat ein Denkmal bestimmt, aber der Nuntius verbot es aus Angst vor dem Papst. Der venezianische Botschafter gab nach und sagte: »Er, der in Stein nicht fortleben darf, wird fortleben in unseren Annalen, und somit der alles zerstörenden Zeit weniger ausgesetzt sein.« Eine fromme Platitüde, mehr im *Stil* der Kurie als dem der bündigen Republik. Außerdem erwies sie sich als falsch.

Sarpi ist heuzutage ziemlich vergessen, nicht mehr der Liebling, der er im neunzehnten Jahrhundert, bei den englischen und amerikanischen Touristen »della religione«, war. Er war im wesentlichen ein protestantischer Held, obwohl er sich, wie Lord Acton, nie entschließen konnte, mit seiner Konfession zu brechen. Aber der streitbare Protestantismus, der ihn als den Menschen verehrte, der dem Papst getrotzt hatte, ist ein Ding der Vergangenheit. Im Tourismus wechseln die Moden. Früher fuhr man nach Chioggia, um den griechischen Gottesdienst in der Chiesa dei Greci zu erleben und nach Erinnerungen an Sarpi zu suchen. Heute geht man nach Torcello in die Harry-Bar, und die Cà'Rezzonico.

Auf das Serviten-Kloster stieß ich durch Zufall; seine hohen Mauern und sein Garten fielen mir auf, als ich durch die Rio della Misericordia im Norden der Stadt ging, die in ihrem fahlen, fast toten Licht im gleichen Viertel liegt wie das Ghetto, wo der Mann der Signora jetzt Häuser baut. Es ist der Teil Venedigs, in dem ich am liebsten spazierengehe, es gibt dort zwei wunderschöne gotische Kirchen, die rosig schimmernde Madonna dell'Orto, mit einer balkendurchzogenen Decke und hohen Spitzbögen, einem herrlichen Cima und Tintorettos »Mariä Tempelgang« (das meines Erachtens Tizians Darstellung bei weitem übertrifft), sowie Sant'Alvise, das eine gemalte Decke mit *trompe l'œil*-Effekten hat, die Architektur vortäuschen, einer Kreuzigung von Tiepolo und den merkwürdigen ritterromantischen Bildern, die nach Ruskins Zuschreibung Kleine Carpaccios genannt werden. Diesen beiden kleinen, nahezu verlassenen Kirchen haftet ein Duft des mittelalterlichen Venedig an, noch halb orientalisch und von Gewürzen durchsetzt; in jeder befindet sich, seltsamerweise, ein Bild, das die Anbetung des Goldenen Kalbs durch die Kinder Israels darstellt. Unweit davon, an einer Hausfront abgebildet, sind jene fremdartigen Gestalten auf Kamelen,

Die Mohren genannt, von denen man glaubt, daß sie die levantinischen Kaufleute, die das Viertel bewohnten, darstellen. In dieser schwermütigen Gegend hat Tintoretto gelebt, und in der Madonna dell'Orto liegt er begraben. Kinder zeigen einem sein Haus. Aber wenn ich nach Sarpis geplündertem Kloster fragte, konnte mir, zum erstenmal in Venedig, kein Mensch eine Auskunft geben. Es gäbe dort einige Schwestern, »Suore« – mehr wußte niemand.

»Esto perpetua« (»Möge sie immerdar leben«). Diese letzten Worte, die Sarpi gesprochen haben soll, beziehen sich angeblich auf die Republik. Kurz davor soll er, phantasierend, gemurmelt haben: »Ich muß nach San Marco. Es ist spät. Es ist viel zu tun.« Diese Aussprüche des einzigen wirklichen Denkers, den Venedig jemals hervorbrachte, geben zu denken. Die Republik, ein durch und durch rationales Gebilde, interessierte sich nicht für die reineren Formen der Vernunft – nur für *angewandte* Vernunft, wie man von angewandter Wissenschaft sprechen mag. Der differenzierte venezianische Verstand erschöpfte sich in diplomatischen *»relazioni«* und praktischer Staatskunst. Die Venezianer druckten wohl Bücher, schrieben sie aber nur selten. Mit Ausnahme von Goldoni gibt es keine venezianischen Schrifsteller von Bedeutung. Petrarca vermachte seine Bibliothek der Republik – zum Dank für die Freistatt, die sie ihm gewährte – für jenes »Fenster« an der Riva, von dem aus er auf das Treiben der Welt hinabsah. Aber die Republik verkramte die Bücher und hat sie anscheinend hundertvierzehn Jahre nicht vermißt. Als Sansovino mit dem Bau der Libreria Vecchia beauftragt wurde, welche die Sammlung von neunhundert kostbaren griechischen und lateinischen Manuskripten beherbergen sollte, die Kardinal Bessarion vor siebzig Jahren der Republik vererbt hatte, kam eine peinliche Tatsache an den Tag: beide Bibliotheken waren verschwunden. Die Bücherei des Kardinals

Bessarion entdeckte man schließlich in einem Dachgeschoß über dem Portal der Markuskirche, aber Petrarcas Bibliothek wurde nie gefunden. Mit Sarpi war es dasselbe. Venedig schätzte seine Fähigkeiten, aber es spannte sie für etwas ein, das für ihr Format viel zu begrenzt war – für den Staatsdienst – so, als ob etwa das Grimani-Brevier in der Libreria Vecchia, wie das Gebetbuch eines Dogen, zum täglichen Gebrauch bestimmt wäre.

Es war gewiß erstaunlich, daß eine so seltene Erscheinung wie Sarpi sich gerade in Venedig angesiedelt hatte, wie eine jener blühenden Pflanzen, die dort auf den Brücken wachsen – Abkömmlinge zähen Samens, der mit dem weißen istrischen Gestein in die Stadt gekommen war. Sein Vater stammte aus dem bergigen Friuli im Norden Veneziens – ein rauhes Land, noch immer halb albanisch empfindend. Seine Mutter war eine Venezianerin, und er wurde in Venedig geboren. Nach längerem Aufenthalt in Mantua (am Hof des gleichen Herzogs Wilhelm, dem die Kurtisane Veronica Franco ihre Terzinen widmete), und einem Aufenthalt in Rom kehrte er nach Venedig zurück, um am Serviten-Kloster Philosophie zu lehren. Er schrieb die Geschichte des Konzils von Trient (die von Gibbon sehr bewundert wurde) und Briefe über die verschiedensten Themen wissenschaftlicher, philosophischer und religiöser Art. Aber seine Hauptarbeit leistete er für die Republik, als freiwilliger Polemiker, so daß er als lokale Besonderheit galt statt als universaler Philosoph. Ihm eignete des Philosophen Liebe zur Wahrheit und die venezianische Kunst der Diplomatie. »Ich lüge nie«, sagte er, »aber ich sage nicht allen die Wahrheit.« *(Le falsità non dico mai, ma la verità non a agnuno.)* Er war witzig, sarkastisch, förmlich, wortkarg und trocken. Er half Galileo beim Bau des Fernrohrs, und Galileo dankte ihm als *»mio padre e maestro Sarpi«*. Er interessierte sich für Anatomie und entdeckte die

Kontraktion der Iris. Man sagt, daß er in seiner Abhandlung über »Die Kunst, klar zu denken«, Lockes Erkennismethoden vorweggenommen habe.

Sehr mager, fast ausgemergelt, mit hoher, gewölbter Stirn, langer, knochiger Nase und schwarzen stechenden Augen, war er, trotz seiner Hagerkeit, von schwerem Körperbau. Er kränkelte leicht und behandelte sich mit Hausmitteln – Zimt, Manna und Tamarinden, den Mitteln der Bauern und Armen. Er litt unter der Kälte und half sich dagegen, indem er ein Stück angewärmtes Eisen in die Hände nahm. Das war eine seiner zahlreichen, eigentümlichen, wunderlichen Gewohnheiten. Wotton, der ihn zum Protestantismus zu bekehren hoffte, beschreibt ihn, in seiner Zelle sitzend, »abgeschirmt mit einem Papierwall um Stuhl und Kopf, wenn er allein las oder schrieb, da er mit unserem Herrn von Sankt Alban die Meinung teilte, daß alle Luft schädlich sei, vor allem, wenn der Geist besonders angestrengt ist«. Seine Zelle war sehr kahl. Sie enthielt einen Tisch, eine Truhe für seine Bücher, eine Bank, ein Kruzifix über einem Totenschädel, ein Bild von Christus im Garten Gethsemane und ein kleines Bett, obgleich er am liebsten auf seiner Büchertruhe schlief. Seine Bettücher hielten zwanzig Jahre.

Diese Requisiten scheinen geradewegs aus einem venezianischen Gemälde zu stammen. Wenn er lesend und schreibend an seinem Tisch saß, hätte er Lorenzo Lotto Modell gesessen haben können, jenem visionären, mystischen Maler, der selber etwas vom Protestanten, Evangelisten, hatte, sich, wie Berenson betont, direkt von der Bibel statt von offiziellen Kirchenlegenden inspirieren ließ, und dessen gedrungene, unansehnliche Figuren, die aus dem Dunkel hervortreten und geisterhaft beleuchtet sind, gleichsam holländisch anmuten – Vorahnungen von Rembrandt. Und dennoch hatte Fra Paolo Sarpi, wie Wotton schließlich erkannte, »viel von Melanchthon, aber sehr wenig von Luther«. In Lottos Werk ist etwas Ruheloses, Abgründiges, das zu Sarpis hellem, witzigem Geist nicht gepaßt hätte: Carpaccio mit seinem Realismus und seiner leisen Ironie hätte ihm mehr gefallen. Carpaccios heiliger Hieronymus (in San Giorgio degli Schiavoni), der im Kreis seiner Statuen, seiner zierlichen Töpfe und schönen, metallbeschlagenen Möbel, seiner Bücher und Noten, auf literarische Eingebung hoffend, zum Fenster hinaussinnt, während sein Hündchen geduldig gleichfalls auf sie wartet, dieser männliche, weltliche Humanist, Sankt Hieronymus, ließ es sich sozusagen sehr viel besser gehen als der Serviten-Mönch. Aber Fra Paolos Papierburg gegen die Einwirkung der Luft – man stellt sie sich zinnenversehen vor – ist reiner Carpaccio. Es ist der Carpaccio-Schnörkel, die Detailmalerei, die sachliche Note, die in solchem Rahmen ebenso phantastisch wirkt wie die Verkehrsampel auf dem Kanal. Wir sehen sie in den Pantöffelchen vor dem Bett der heiligen Ursula in der gleichnamigen Serie in der Academia, wir sehen sie im Holzbein des fliehenden Mönchs in der Hieronymus-Serie in der Schiavonikirche, in dem Hund, der gespannt auf den Erleuchtungsblitz wartet, in dem angefressenen Mieder des Mädchens – ein zarter Hinweis auf ihre Leibwäsche –, das soeben von dem Drachen in der Sankt-Georgs-Serie an der Wand gegenüber verspeist worden ist. Handschrift Carpaccios, diese überlegte Alltagslogik auf das Gebiet des Wunders übertragen, entspringt der Luzidität des venezianischen Malers. Der Kritiker Roberto Longhi spricht von einem grausamen schmiedeeisernen Gitter vor dem Rampenlicht des Bildes (Sankt Georg im Kampf mit dem Drachen). Das ist die Eisenklammer der Logik, die Carpaccios Märchenwelt zusammenhält.

Mit seinem schweren Knochenbau und der langen Nase hätte Fra Paolo auch von dem steifen Bartolommeo Vivarini der Murano-Schule gemalt worden sein können oder von seinem phantasievolleren Bruder Antonio, der ihn vielleicht im Mönchsgewand, den Dolch in der Schläfe, dargestellt hätte, wie Sankt Peter, der Märtyrer – ein Lieblingssujet der Maler von Verona und daher von ganz Venezien –, die Form seines Martyriums in der reizenden gelassenen Art der norditalienischen Heiligen beschreibend: Die heilige Lucia trägt ihre Augen wie ein Tellergericht vor sich her, die heilige Agathe ihre Brüste auf einer weißen Untertasse.

Aber die Hypothesen sind historisch unmöglich. Die Maler, die ich Sarpi zuschreiben möchte, waren tot, längst tot, die meisten von ihnen noch vor Sarpis Zeit; Lotto, der jüngste darunter, starb als betagter Mann in Loreto, als Sarpi vier Jahre zählte. Zeitlich gehörte Sarpi zu der Epoche Veroneses, dessen »Gastmahl im Haus des Pharisäers«, das jetzt im Louvre hängt, 1572 für das Refektorium des Serviten-Klosters entstand. In den Jahren, da Fra Paolo dort Provinzial war, mag sein Blick wohl oft darauf geruht haben. Aber seiner Natur nach gehörte der Vegetariermönch (er lebte von Gemüsen, etwas Weißwein und geröstetem Brot, aß wegen seines empfindlichen Gaumens nur sehr selten Fleisch) einer früheren Epoche an und nicht zu der Welt Veroneses, einer Welt von Possenreißern und Göttinnen, Affen und Mohren, schimmernden Schwertern und Schilden, Halskrausen und Perlen, Papageien und kannelierten Säulen. Wotton, mit seinen Hellebarden und Schilden, gehörte ganz und gar in die Welt Veroneses; in seinem Palast hielt er sich einen Affen, er sammelte Lauten und Tizians und zog sich, wie die Figuren Veroneses, in der heißen Jahreszeit in eine Villa am Brenta-Fluß zurück. Tatsache ist jedoch, daß Veronese bereits tot war, als Wotton nach Venedig kam.

Aber zur Zeit, als Paolo Sarpi heimkehrte, um am Serviten-Kloster Philosophie zu lehren, lebte er noch in voller Rüstigkeit. Das Jahr zuvor (1573) hatte der Maler Schwierigkeiten mit der Inquisition gehabt, die ihn in ihr Hauptquartier, der Kapelle der heiligen Theodora in der Markuskirche, zitiert hatte, um das Gemälde »Gastmahl im Haus des Levi« zu »erklären«, das er für das Refektorium der Dominikaner im Kloster S. S. Giovanni und Paolo ausgeführt hatte. (Es handelt sich um den riesigen Veronese, ursprünglich »Das Abendmahl« genannt, der heute in der Accademia hängt.) Die Inquisition hatte schon vorher dem Dominikanerprior angeraten, einen großen Hund im Vordergrund durch die Magdalena ersetzen zu lassen. Jetzt wurde die gesamte Komposition als Beweislast gegen den Maler aufgeboten. Veronese verteidigte sich mit künstlerischen Gründen, aber seine Richter ließen, wie meistens in solchen Fällen, diese Erklärung nicht gelten und suchten nach schwerwiegenderen Motiven. »Was bedeuten«, fragten sie, »diese Männer, die wie Deutsche gekleidet sind und Hellebarden in der Hand tragen?« ... »Wurden Sie von irgend jemandem beauftragt, Deutsche, Possenreißer und ähnliche Dinge in diesem Bild darzustellen?« »Nein, mein Herr.« Warum, fuhren die Untersuchungsrichter fort, hatte er Sankt Peter beim Tranchieren eines Lammes abgebildet und einen anderen Apostel mit einem Zahnstocher bedacht? Veronese antwortete, daß er nichts Blasphemisches beabsichtigt habe. Die Untersuchungsrichter sagten nichts dazu und kehrten zu der ursprünglichen Spur zurück. »Finden Sie es schicklich, zum Abendmahl Unseres Herrn Possenreißer, Trunkenbolde, Deutsche, Zwerge und ähnlich Unpassendes zu malen?« »Nein, mein Herr ...«

Die Anklage endete damit, daß ihm befohlen wurde, innerhalb eines Monats auf eigene Kosten das Bild zu ändern. Als echter Sohn Veneziens änderte er lediglich den Titel. Das zeigt, wie wenig wirkliche Macht die Inquisition in Venedig besaß, besonders da die Inquisitoren in gewissem Sinn im Recht waren. Das Bild *ist* gottlos und für ein Dominikaner-Refektorium ganz und gar ungeeignet. Das liegt nicht an der Darstellung von Zwergen, Hanswursten und Papageien, sondern an der Darstellung des Herrn. Er ist es, der konventionell, mit einem faden Heiligenschein gemalt, einen falschen Ton – eine Unaufrichtigkeit der Empfindung – in das prachtvolle Renaissancebild hereinbringt. Dieser falsche Ton ergibt sich in der venezianischen Malerei regelmäßig dann, wenn Christus auftritt – außer bei Tintoretto, in den Pietàs von Giovanni Bellini sowie in gewissen Kreuzigungen und Grablegungen.

Das sind große Ausnahmen, könnte man sagen. Aber in Wirklichkeit, abgesehen von Tintoretto (der ein Sonderfall war), sind sie samt und sonders die Ausnahme. Das heißt, daß Kreuzigungen, Grablegungen und Pietàs in eine bestimmte Kategorie fallen, in welcher Christus nicht mehr ein Mensch ist, sondern ein Kadaver oder höchstens eine sich windende Masse gequälten Fleisches. Die Venezianer waren durchaus in der Lage, den toten oder sterbenden Gott darzustellen – auf eine seiner Pietàs schrieb Bellini, er habe sie weinend gemalt –, aber die Idee eines Gott-Menschen, eines lebenden Menschen wie sie, der zugleich göttlich war, ging über ihre Vorstellungskraft, hemmte sie. Natürlich spreche ich nicht vom heiligen Kind, das die Venezianer, wie alle Maler, einfach als Menschenkind behandelten, sondern vom Menschensohn, wie er in den verschiedenen Mahlen von Emmaus, Abendmahlen, Mahlen mit den Pharisäern und so weiter erscheint, oder die Ehebrecher verteidigend – ein Sujet, das venezianische Maler besonders gereizt hat. Abgesehen von Tintoretto ist es überall das gleiche. Die Gestalt des Herrn macht den Maler befangen, und er malt ihn entweder schwächlich oder ausdruckslos, mit glanzlosem Haar und Bart und mattem Heiligenschein, wie es bei Tizian und Veronese meistens der Fall ist, oder reduziert ihn, wie Lotto es tut, zu einer Art Holzschnitt-Illustration aus einer mittelalterlichen Schrift – Lottos Christus ist immer deformiert, mit kurzen Beinen und einem abgeflachten Kopf, der breit und ohne Hals auf dem Körper sitzt. Das eigentliche Übel an Veroneses Gemälde besteht darin, daß dessen Mittelpunkt, nämlich Christus, leer ist.

Paolo Sarpi gestand Herrn von Dohna, dem Botschafter Christians von Anhalt, daß er ungern die Messe lese, es aber während des Kirchenbanns deshalb täte, damit es nicht so aussähe, als ob er sich ihm füge. Das ist eine sehr offene Enthüllung, von einem aufrichtig frommen Mönch an einen Laien, da dieser alles, was Sarpi ihm sagte, seinem lutherischen Herrn berichtete, der in Deutschland darauf wartete, zu erfahren, welchen Weg Venedig in religiöser Beziehung gehen werde. Die beiden Abgesandten der protestantischen Fürsten genossen Sarpis vollstes Vertrauen, aber der Lutheraner war weniger optimistisch als der englische protestantische Agent. Die Fakten und Zahlen, die Sarpi Dohna gab, um sie nach Deutschland weiterzuleiten, ermutigten ihn zu keinerlei Hoffnungen; Wotton, der seine Bibeln verteilte, war voll vom eigenen Erfolg und kümmerte sich nicht um die Realitäten der Macht. Und dennoch sprach für Wottons Einstellung die Tatsache, daß die Zehn und die Drei gewußt haben müssen, was Sarpi im Schilde führte, und nichts dagegen taten, obwohl die päpstlichen Spione überall steckten, wie sich später herausstellte, sogar in Sarpis eigenem Kloster. Zieht man dazu noch Sarpis vertrauliche Beziehung zu Dohna in Betracht, so bekommt Veroneses Verhör durch die Inquisition ein anderes Gesicht. Was hatten eigentlich die Deutschen auf dem Bild des Abendmahls zu suchen? Wer hatte sie in Auftrag gegeben? Was bedeuteten sie? Waren sie lediglich komische Figuren, auf gleicher Ebene mit den Hanswursten, Zwergen und Trunkenbolden – eine Clownsrolle, die sie manchmal, selbst heute noch, als Touristen in südlichen Ländern spielen? Oder waren sie »unpassend«, für das Thema ungeeignet, weil sie Ketzer waren? Es ist allerdings merkwürdig, wie die Verhörenden immer wieder auf die Frage dieser »Deutschen« zurückkommen, als ob sie den hauptsächlichsten oder empörendsten Stein des Anstoßes darstellten.

Veronese gilt allgemein als der heidnischste und lebensfreudigste der venezianischen Maler, und zweifellos hat er die Deutschen, genau wie er sagte, aus dekorativen Gründen in sein Bild gesetzt, weil sie zu den Repräsentanten des Lebensgenusses gehörten. Dennoch erscheint es sonderbar, daß die Inquisition ausgerechnet über ihn zu Gericht saß, während alle venezianischen Maler, angefangen mit Carpaccio, gewohnt waren, die heilige Szene mit Hunden und Vögeln sowie Zwergen und anderen Unschicklichkeiten zu bevölkern. Und wie Veronese selber betonte, hatte Michelangelo »in der päpstlichen Kapelle in Rom unseren Herrn Jesus Christus, Seine Mutter, Sankt Johannes und Sankt Peter und das ganze himmlische Volk, angefangen mit der Jungfrau Maria, alle nackt und in den verschiedensten Attitüden, wenig ehrerbietig dargestellt«.

Das sei etwas anderes, erwiderten die Inquisitoren. Das seien rein geistige Geschöpfe. Aber in Tintorettos Abendmahl für die Scuola di San Rocco (der noch immer nicht kanonisierte Heilige, dessen Gebeine die Venezianer irgendwo aufgetrieben hatten), etwa fünfzehn Jahre nach dem Gericht über Veronese, erscheint wieder ein großer Hund und an genau derselben Stelle auf der Leinwand – im Mittelpunkt des Vordergrunds, wo die Inquisitoren geraten hatten, lieber eine Magdalena hinzusetzen. Darüber hat die Inquisition sich nicht entrüstet. Man möchte wissen, warum.

Erstens: Liebedienerei und Förmlichkeit. Zweitens: Luthertum. Drittens: Ausschweifung. Eine unmögliche Zusammenstellung, möchte man meinen. Und dennoch gediehen sie miteinander in den letzten Jahren des Goldenen Zeitalters – ein Triumph der Koexistenz. Der Löwe schlief mit dem Lamm. Paolo Sarpis Zelle, eine mittelalterliche Grotte, stand in Verbindung mit der Botschaft eines Herrn der Renaissance, mit dem Dogenpalast und dem Saal der Zehn, mit Veroneses Atelier, eine Verbindung, die der Kurie als ein weitgespanntes Netz der Verschwörung erschienen sein muß, um so gefährlicher, weil sie – um ein anderes Bild zu gebrauchen – hydraköpfig war, auf der einen Seite ein scharfsinniger, formenverhafteter Mönch, der die pietistische Doktrin des einfältigen Herzens predigte (Sarpi dachte, daß Gott Äußerlichkeiten gleichgültig seien und Er nur das Herz ansehe), während ein weltlicher Maler Christi Abendmahl als funkelnde Ausschweifung darstellte.

Die Verschwörung, wie immer ihr Ausmaß war, fand nicht statt. Die rationalistische Republik ging aus Angst vor den spanischen Waffen auf den Handel der Kirche ein. Wotton, den die Republik mit Ehren überhäuft hatte, fand es bald schwierig, vom Dogen in Staatsgeschäften empfangen zu werden. Die Jesuiten wurden wieder zugelassen. In Augenblicken der Entmutigung überlegte Sarpi, daß der große Kampf ganz vergeblich gewesen sei, und fragte sich, ob es nicht das Beste wäre, seine Kutte abzulegen und eine Zuflucht in England zu suchen, wie sein Freund, De Dominis, ein anderer venezianischer Philosoph, der die wahre Theorie des Regenbogens entdeckt hatte. Er wurde mit Jubel empfangen und in die anglikanische Kirche eingeführt. Aber Sarpi konnte sich nicht dazu entschließen. Statt dessen konzentrierte er sich auf die Geschäfte San Marcos, eilte hin und her zu den Ratssitzungen der Republik, durch einen gedeckten

Gang, den die Stadt ihm erbaut hatte, damit er seine Gondel ohne Furcht vor den Mördern des Papstes erreichen konnte. De Dominis endete schlecht; er schwor dem protestantischen Glauben wieder ab, kehrte in der Hoffnung auf Beförderung nach Rom zurück und wurde in den Kerker geworfen, wo er starb. Sein Leichnam wurde verflucht, aus dem Sarg geholt, durch die Straßen von Rom geschleift und auf dem Campo dei Fiori verbrannt. In London hatte er die Veröffentlichung von Sarpis *Geschichte des Konzils von Trient* in die Wege geleitet und bestimmte das Geld, das James I. ihm dafür gab, für Sarpi, als Lohn für dieses aufrührerische Werk.

Da war der Einsatz für San Marco besser. Sarpi verblieb in seiner Zelle, mit seinem Bild des Gethsemane-Gartens – Christi eigene Prüfung der Unentschlossenheit – als Trost oder möglicherweise als Vorwurf. Man wüßte gern, wer es gemalt hat. Carpaccio versuchte sich an diesem Thema in San Giorgio degli Schiavoni. Es ist das einzige schlechte Bild in der Serie. Carpaccios mittägliche Klarheit, die alle seine Legenden mit einer nahezu voltaireschen Helligkeit durchflutete, schreckte vor einer offenen Untersuchung des betenden Gottes zurück. *La verità non a ognuno.* (Die Wahrheit nicht allen.)

5

Es war Byzanz, aus dem der Geschmack an Raffinement und sinnlichem Luxus nach Venedig kam. *»Artificiosa voluptate se mulcebat«*, schrieb ein Chronist von der griechischen Frau des ersten Dogen. Ihre Toilettewasser und Parfums, ihre Taubäder, ihre duftenden Handschuhe und Kleider, die Gabel, die sie zum Essen benutzte, schockierten ihre Untertanen, die schlichtes italienisches Pioniervolk waren. Der Gatte dieser so femininen Dame hatte ebenfalls griechische Neigungen. Er begann, wie der Chronist sagt, »sich mit Mosaiken zu beschäftigen« – d. h. Mosaikhandwerker, Marmor und Edelsteine einzuführen –, um seine private Kapelle von San Marco im vorderöstlichen Stil ausschmücken zu lassen, der den Venezianern bald zur zweiten Natur wurde.

Der byzantinische Stil verlor in Venedig bald einiges von seiner theologischen Grimmigkeit. Die starre, ernste Figur des Pantokrator, der die griechischen Kirchen mit seiner gerunzelten Stirn und erhobenen Hand beherrscht, erscheint in der Markuskirche nicht in ihrer zwingenden Majestät. In einer griechischen Kirche hat man das Gefühl, daß das Auge Gottes, sobald man eintritt, auf einem ruht; man ist völlig von seinem allumfassenden Blick umfangen, der in Bauernkapellen sehr oft durch ein Auge über der Tür dargestellt wird. Die Starre dieses göttlichen Blicks ist nicht strafend; sie ruft nur zur Ordnung auf und mahnt an die ewige Ordnung, die sich über Zeit und Umstände wölbt. Der Pantokrator der Griechen trägt Züge der alten Nemesis, durch die Erlösung gemildert und geläutert. Zugleich ist er eine platonische Idee, das Ende der Spekulationsreihe.

Die Venezianer waren weder Spekulanten noch Philosophen, und die theologische Aussage fehlt in den Mosaiken der Markuskirche, die eher danach trachten, eine biblische Geschichte zu erzählen, als eine Abstraktion zu vermitteln. Die *Einkleidung* der Geschichte bekommt in Venedig etwas Zufälliges, wie das flaumige Pelzwerk der Salome in dem Mosaik der Taufkapelle. Die besten venezianischen Mosaiken befinden sich nicht in der Markuskirche, dem Schaukasten des Dogen, sondern in Torcello, das ein selbständiges Bistum und politisch dem griechischen Statthalter von Ravenna untertan war.

Torcello soll durch einen direkten Befehl Gottes an den Bischof von Altinum gegründet worden sein. Diese Legende wirkt durchaus glaubhaft. Im Gegensatz zu Venedig, das ein Produkt von Notwendigkeit und Erfindungsgabe war, erscheint Torcello in der Tat als die Folge eines göttlichen Imperativs. Nur Gott, empfindet man, würde befohlen haben, auf dieser traurigen Ebene, die sich kaum über die sumpfigen Lagunen erhebt, eine Stadt zu errichten – eine Insel, die in dem rationaler gesinnten achtzehnten Jahrhundert wegen der schädlichen malariaträchtigen Dünste aufgegeben wurde, welche die ehemals zwanzigtausendköpfige Bevölkerung auf ein Minimum reduziert hatten.

Heute ist Torcello nicht mehr ungesund und ein beliebtes Ausflugsziel für Touristen. In der Saison fährt zweimal am Tag ein privates Motorboot in der Stadt zu Harry's Bar in Torcello, einem sympathischen, ländlichen Gasthaus, das in einem kargen, von Weinreben gesäumten Garten steht. Man hat anderthalb Stunden Zeit, um mittags oder abends Harrys Spezialitäten zu genießen (Hummer und Scampi, Fischsuppe und Lasagne), und eine halbe Stunde, um die beiden Kirchen zu besichtigen, Souvernirs, Postkarten und Spitzendecken aus Burano zu kaufen, bis man zurück nach Venedig gefahren wird. In der Kathedrale erklärt ein Knabe die Mosaiken.

Wenn ich hierüber seufze, so deshalb, weil ich die Berichte früherer Touristen gelesen habe, die von Burano mit der Gondel herüberfuhren, auf der verseuchten Insel spazierengingen und in der Stimmung von Shelleys »Ozymandias« über das Schicksal der Zivilisationen nachsannen. So sollte Torcello gesehen werden. Aber jetzt ist zu der Schwermut seiner verwitweten Kathedrale und der verwaisten Tochterkirche Santa Fosca ein neues, modernes Element hinzugekommen – die Schwermut der Entweihung und des Einbruchs in die Einsamkeit der Grabsteine. Alle heiligen Stätten besitzen heute diese neuerliche Traurigkeit. Ein zweifaches »Nimmermehr« tönt über dem Grabe Theoderichs von Ravenna, über den Katakomben und dem Tempel von Sunion, in den Byron seinen Namen ritzte. Da Venedig nicht heilig ist, bleibt Venedig von solchen düsteren Überlegungen verschont. Aber sobald man auf die Lagunen hinausfährt, sieht es anders aus; die Stimmen der Führer und anderer Reisegesellschaften werden plötzlich unerträglich.

Indessen ist es noch immer möglich, auf die alte Weise nach Torcello zu gelangen, indem man den Murano-Burano-Vaporetto von der Fondamenta Nuova aus nimmt, in Burano zu Mittag ißt und mit der Gondel zu den trägflüssigen Kanälen und dem schilfbewachsenen Anlegeplatz Torcellos weiterfährt. Wenn man lange genug in Burano verweilt, vermeidet man die Ausflügler in Harry's Bar, die nun schon auf dem Rückweg nach Venedig sind, und man findet nur noch die Souvenir- und Postkartenhändler vor, die Spitzenfrauen und die Kustoden, die aufgereiht dastehen, um einen mit einem vielsprachigen Wortschwall zu empfangen.

Burano ist »ein typischer Fischerort«, heißt es im Reiseführer. Seine Spezialität sind Spitzen, und nach dem Mittagessen (in einem »typischen« Restaurant, einer Art Billardsaal, das vornehmlich Fischgerichte bietet und mit Genrebildern ausgestattet ist, die der Besitzer von Kunstfreunden erworben hat) ist es Touristenbrauch, ein paar Häuser weiter die Spitzenwerkstatt in der Scuola dei Merletti zu besichtigen. Sie befindet sich im zweiten Stock eines kleinen gotischen Rathauses: ein langes, ziemlich spärlich beleuchtetes Doppelzimmer, wo unter der Aufsicht einer Nonne und eines Kruzifixes stumme Reihen kleiner Mädchen in Kitteln auf Bänken sitzen und Spitzen für die Gesellschaft der Jesurum herstellen, einen wohltätigen Verein von ehrenwerten Damen, die den Kindern für einen Achtstundentag vierhundert Lire (etwa derselbe Lohn wie 1913) für das Arbeiten von Burano- und venezianischen Klöppelspitzen bezahlen, die sich zu hohen Preisen im Laden der Gesellschaft an der Rio della Canonica, unweit der Seufzerbrücke, verkaufen lassen.

Ich will mich für diese Zahlen nicht verbürgen. Ich erhielt sie von einem zornigen Gondoliere aus Burano, der möglicherweise Kommunist war. Auf den venezianisch-roten Häuserfronten Buranos sieht man sehr häufig Hammer und Sichel, ebenso wie in den verwahrlosten Häusern der Lagunenstädte der Chioggia-Route – Malamocco, San Pietro in Volta, Pellestrina. Aber ich glaubte dem Gondoliere, weil das, was er sagte, zu den wilden Blicken der Kinder paßte, als sie ihre Handarbeitsrahmen der Nonne aushändigten, damit wir sie bestaunten. Wir traten lächelnd, zu drei Personen, ein und riefen innerlich »Was für ein reizendes Bild!« Aber als wir mit unserem Lächeln die Kinder anstrahlen wollten, rührte sich kein Muskel in ihrem Gesicht; nur aus den erhobenen Augen schossen Blicke wie vergiftete Pfeile.

»Ja«, sagte der Gondoliere, »es ist sehr schlecht für die Augen; nach einigen Jahren in der Spitzenschule werden viele arbeitsunfähig.« »Wer ist verantwortlich?« »Wer bekommt das Geld?« fragten wir. Eine Dame in Venedig, erklärte er prompt, die Contessa Margherita. Ich wollte sehr gern diese »Contessa Margherita« sehen, die ich mir als Mitglied der eleganten Clique vorstellte, die jeden Sonntag, wie eine zwitschernde Vogelschar, zu einem Aperitif vor dem Mittagessen bei Florian erscheint und am äußersten Ende bei der Bocca di Pizza sitzt. Aber in Wirklichkeit gab es diese Person gar nicht. Die alte, längst verstorbene Contessa Margherita gehörte früher einmal zum Patronat der Gesellschaft. Wer eigentlich profitiert, habe ich nie ermitteln können. Meine Signora, die sonst alles weiß, weiß es nicht; der Chef des venezianischen Gondolierevereins, ein alter Kämpfer des Antifaschismus im weißen Haar, weiß es nicht. Niemand kann mir eine klare Auskunft geben. Ich fuhr noch einmal nach Burano, um meinen ersten Eindruck zu kontrollieren, der unverändert blieb. Und ich finde die Buraner Spitzenschule einen nützlichen Prüfstein für die Beurteilung von Reiseschriftstellern über Venedig. Es gibt solche wie E. V. Lucas, in *Ein Wanderer in Venedig*, 1914 erschienen.

»Doch gibt es eine Oase von lieblicher Sauberkeit, und das ist die Hauptsehenswürdigkeit des Orts – Die Scuola Merletti, unter dem Patronat der Contessa Margherita ... Tausende von Mädchen, und hübschen Mädchen darunter, mit ihren schwarzen Haarmassen und der olivfarbenen Haut, und alle so adrett und zufrieden. Exemplare ihrer zum Teil unwahrscheinlich feinen Arbeiten kann man erwerben und als Souvenir eines bezaubernden Erlebnisses bewahren.«

Ein anderes Zeitalter, könnte man sagen, aber man höre dazu André Maurel in *Quinze Jours à Venise* (Vierzehn Tage in Venedig) aus dem gleichen Jahr:

»Hier herrscht nicht die Traurigkeit einer Fabrik. Aber

vielleicht sogar eine schlimmere. Krankenhaus, Waisenhaus, Arbeitshaus, Asyl, Arme im Geiste. Sie ist ein bißchen von allem, die Spitzenwerkstatt in Burano, ohne Tragik, aber von einer hilflosen Ohnmacht, die unendlich ergreift ... Es ist nicht gut, auf die Quellen des Luxus zurückzugehen ... Die Nonne, die die Mädchen anleitet, sagte mir, daß einige davon es auf drei und vier Francs am Tag bringen. Nach wie vielen Jahren gekrümmten Rückens, gebeugten Kopfes und Sehschwund der armen Augen?«

Zum Glück bietet Burano auch weniger deprimierende Sehenswürdigkeiten. In der Kirche von San Martino befindet sich in der Sakristei eine frühe Kreuzigung von Tiepolo, die einem schauerlichen Maskenball gleicht, mit Bannern und wirbelnden Draperien, spätgoyesken Gesichtern und lauernden, verzerrten Elendsgestalten in Theaterfetzen. Die ohnmächtige Mutter Gottes trägt ein zierliches, gerüschtes Morgenhäubchen und ein rosa Gewand. Im Hintergrund stehen kalkiggraue Clownsfiguren, mit grinsenden, aufgedunsenen Lippen und Kartoffelnasen. Die Konzeption ist theatralischer als die der Kreuzigung von Madonna dell'Orto mit ihrem verklärenden Licht; doch sind beide von dem gleichen Schrecken geprägt, einem Gefühl für den Tag, da der Vorhang im Tempel zerriß, das nahelegt, daß Tiepolo keineswegs so empfindungslos war, wie manche neueren Kritiker behaupten.

In derselben Sakristei hängt auch eine reizvolle »Flucht nach Ägypten« von Mansueti, die ebenfalls von seltsamen Gesichten wimmelt, wenn auch bescheidener Art. Ein braver italienischer Esel müht sich mit seiner kostbaren Last durch eine Landschaft, die von exotischen, teils existierenden, teils erfundenen Vögeln bevölkert ist, sowie von Löwen und Tigern.

Vor den niedrigen Häusern in den Seitenstraßen von Burano sitzen Gruppen von alten Frauen in schwarzen Shawls auf Stühlen in der Sonne und klöppeln Spitzen. Zweifellos sind das die Lehrlinge aus Maurels Tagen. Jetzt, da sie alt sind, scheint das keine Rolle mehr zu spielen. Ihren Augen kann es nicht mehr schaden, da sie bis jetzt gesund geblieben sind, und das Gewerbe ist ein geselliges und paßt zu dem Leben der schwindenden Jahre. Das Auffädeln von Glasperlen ist ebenfalls eine Spezialität der alten Buraner Ehefrauen, die es schätzen, wenn man ihnen zuschaut, wie sie in ihren offenen Küchen stehen und mit einem langen Draht in eine Schüssel mit Perlen stechen und ihn nach einer raschen, kunstvollen Bewegung, wie mit einem Schaumschläger, aufgefädelt herausziehen. Diese Handfertigkeit ist das häusliche Gegenstück zu der Glasbläserei in dem nahe gelegenen Murano. Burano ist heiter, weil sich hier so viel auf der Straße, in der Sonne abspielt. Es scheint keine Geheimnisse zu geben. Das erste, was der Besucher erblickt, wenn er mit dem Vaporetto eintrifft, ist die Wäsche der gesamten Stadt, die im grünen Stadtpark am Kai wie ein Willkommenbanner im Winde schaukelt.

Die Buraner Bootsmänner, dunkelhaarig und dunkelhäutig, sehen grimmig aus und tragen große Schnauzbärte, wie Sizilianer. Wenn sie ihre Fahrt nach Venedig unternehmen, legen sie unter den Brücken an, wo sie in aller Öffentlichkeit essen und schlafen. Ein solcher Kahn blieb mehrere Tage unter meiner Brücke. Wenn ich nach Dunkelwerden heimkam, sah ich den glühenden Ofen und die Laterne die Gestalt eines alten Mannes beleuchten, der im Schatten der Brücke vor dem schwarzen Kanalwasser Kartoffeln schälte. Es war ein primitiver, fast archaischer Anblick in dem weltlichen Venedig, eine Erscheinung aus der Schmiede Vulkans. Die Buraner Fischer und Bootsmänner sind sich bewußt, wie sehr sie sich von den schlanken, zartgliedrigen, zivilisierten Venezianern unterscheiden – wie malerisch und muskulös. Eine Gruppe von ihnen rudert, völlig berußt, unter der Accademia-Brücke hindurch und winkt und brüllt uns wie Zirkusleute mit blitzenden Zähnen zu. Sie haben den Ruf, besonders wohlgebildet zu sein, aber das sind sie nicht. Die Armut der Insel hat die meisten verunstaltet, sie schieläugig gemacht, ihre Haut genarbt und sie ihrer Zähne beraubt.

Burano ist eine gute Station auf dem Weg nach Torcello, denn man geht etappenweise zurück in der Zeit. Venedig ist eine ewige Gegenwart; Burano ist das neunzehnte Jahrhundert, opernhaft, lebendig, es werden Netze geflickt, die Segel auf den Kanälen sind bunt und zerrissen, gelbweiß die Häuser und smaragdgrün das Wasser.

Vom Vaporetto steigt man geradewegs in ein altmodisches Bühnenbild, Darsteller und Chor liefert das einheimische Gewerbe; es gibt sogar eine Bösewichtin hinter den Kulissen, die »Contessa Margherita», die aus Venedig in Seide und Spitzen anreisen wird. Die Armut Buranos ist die »fröhliche Armut«, die das neunzehnte Jahrhundert so schätzt: farbige Lumpen und Sonne und ein Künstler mit wallender Krawatte, der die Szene im Bilde festhält.

Chioggia ist eine andere Geschichte. Chioggia ist das neunzehnte Jahrhundert von der düsteren Seite. Ich fuhr dort eines Tages mit einem Motorboot in einem perlgrauen Nebel hin – ein bedrückender Ausflug an der Inselkette vorbei, welche Venedig wie ein *cordon sanitaire* umspannt: die Insel des Hospitals für ansteckende Krankheiten, die Insel des Hospitals für Tuberkulose, die Insel der Irrenanstalt für Frauen, die Insel der Irrenanstalt für Männer. (Und in dieser Gegend, stellte ich fest, befindet sich auch Wottons Waisenkanal – die Richtstätte des Henkers.) Auf diesen Inseln und in den elenden Lagunenstädten, die sich am Lido und an Pellestrina entlangziehen, geistern Legenden aus ferner Vergangenheit –

von der Abweisung Pippins, von der Abweisung der Hunnen – und von Gespenstern und übersinnlichen Begebenheiten. Dort waren die ursprünglichen, gefährdeten Siedlungen, vor dem Zug nach Rialto im neunten Jahrhundert, und dort beginnen Hammer und Sichel von heute.

Bevor der Hauptkanal zugeschüttet wurde, so daß Automobile die breite graue Hauptstraße befahren können, hat Chioggia wohl anders ausgesehen. Auf den alten Fotografien ist es größer als Burano, und es war berühmt für seinen derben Humor, aus dem Goldoni *Le Baruffe Chiozotte* schuf. Heute, an einem nebelgrauen Tag, bietet es ein Bild des Verfalls. Die Segel sind wunderschön mit ihren seltsamen mystischen Motiven, Rosen, Bögen und Kelchen, gelb, orangefarben, blau und wassermelonenrosa, aber die Stadt ist fliegengeschwärzt und räudig. Von den Häusern blättert der Anstrich; die städtischen Wasserhähne tropfen; in den düsteren Kirchen verrotten die Bilder. Die Katzen sind so mager, daß sie aussehen wie ein einziger Knochen, um den ein Stück Fell flattert. Die Einwohner sind nicht mehr die verwitterten, muskulösen Banditti, die man auf den alten Fotografien sieht, sondern verstädterte Geschöpfe mit grauen Gesichtern, die billige Berufskleidung tragen. Die ganze Stadt gleicht einem großen, geheimen Miets- oder Lagerhaus des neunzehnten Jahrhunderts, an dessen Mauern man Hammer und Sichel geschmiert hat.

Im vierzehnten Jahrhundert war es der Schauplatz des großen Seesieges der Venezianer über die Genuesen, als die Venezianer unter ihrem unerschrockenen Admiral, Vetto Pisani, der für diesen Notfall auf allgemeines Verlangen aus dem Kerker entlassen wurde, im Hafen von Chioggia die Blockadeflotte blockierte und besorgt auf Entsetzung durch den launenhaften Carlo Zeno harrte, der von Gott weiß wo –

Kreta oder dem Bosporus – eintreffen sollte. Das ist der einzige heroische Augenblick in der Geschichte Venedigs, ein langer, spannungsgeladener Augenblick, in dem nicht mehr berechnet, sondern alles dem Schicksal überlassen wurde. Da wurde, einmalig für Venedig, ein Ereignis durch Einzelpersonen entschieden; Carlo Zeno war ein bankrotter Spieler und Troubadour, der sich als Glücksritter in ganz Europa herumgeschlagen hatte; Pisani war ein cholerischer Patriot, einfach, impulsiv, ein Kraftmensch und schnell im Zuschlagen. Jeder von diesen beiden Patriziern war auf seine Weise von rücksichtslosem Leichtsinn; jeder war ein Volksheld und der Oligarchie verdächtig. Wie üblich gab es in Venedig eine Friedenspartei, die einen Kompromiß oder eine Kapitulation befürwortete, und Pisani wurde eine Frist bis zum 1. Januar 1380 zugestanden, um die Gegenblockade fortzusetzen; wenn Zeno bis dahin noch nicht eingetroffen war, wollte Pisani seine Strategie aufgeben, und das hungernde Venedig sollte sich dem Erbfeind ergeben. Dieser märchenhafte Handel hatte ein märchenhaftes Ende. Im Morgengrauen des ersten Januar, nach über zwei Monaten quälender Ungewißheit, wurden am Horizont fünf Segel gesichtet, zu weit entfernt, um mit bloßem Auge erkennen zu können, ob es sich um Freund oder Feind handelte. In kleinen Booten wurden Aufklärer ausgesandt, und sie beobachteten das Hissen der Flagge. Der Löwe von Sankt Markus entfaltete sich. Das Unmögliche war geschehen: Carlo Zeno hatte die Botschaft erhalten. Oder, wie der Historiker Hazlitt es ausdrückte: *Es war Carlo Zeno, der endlich gekommen war; und Venedig war tatsächlich gerettet.*

Die Bewohner von Chioggia hatten an diesem ruhmvollen Traum keinen Teil, da ihre Stadt in die Hände der Genueser gefallen war, die sie mit Hilfe der Carraresi von Padua grausam plünderten. Der Verfall Chioggias datiert von diesem Ereignis. Während des Risorgimento machte es noch einen kurzen Ausfall in die Geschichte, als die Matrosen von Chioggia Garibaldi bei seinem Versuch, Venedig zu erreichen, dazu verhalfen, vor den Österreichern in die Wälder von Ravenna zu flüchten. Die Vergangenheit hat hier in Chioggia einen üblen Geruch, wie die stinkende Pisse des kauernden Löwen auf der Säule am Hafen, des Löwen, von dem die Venezianer sagen, er sei eine Katze.

Aber Chioggia ist weit von Torcello entfernt, das auf der anderen Seite von Venedig in den nördlichen Lagunen liegt. Von Burano ist Torcello jedoch nur wenige Minuten entfernt. Man schreitet von der Gondola in die Pioniertage der Lagune. Auf dieser flachen, baumlosen Insel, mit ihren niedrigen, planlos verstreuten Weinreben und Wiesenflächen, die vertikal nur von der Kathedrale und dem hohen, einzeln stehenden Glockenturm unterbrochen werden, hat man zum erstenmal in der Umgebung Venedigs ein machtvolles Bewußtsein der Geschichte. Es gibt hier in der Tat nichts anderes: nur die Kathedrale, dicht daneben, wie ein Säugling, die achteckige kleine Kirche von San Fosca, der (geschlossene) Glockenturm, das Ortsmuseum, ein paar Häuser, eine Teufelsbrücke mit einer dazugehörigen Sage, ein paar Fischer und ein Museumsverwalter, und natürlich Harry's Bar. Es ist leicht, sich vorzustellen, wie die ersten Siedler hier eintrafen, angeführt von ihrem Bischof mit einem Kreuz. Das kleine Boot, die große Kathedrale – das ist das Maß ihrer Frömmigkeit.

Torcello heißt angeblich nach dem Turm in Altinum, wo dem Bischof die Gnade einer Vision zuteil wurde, als er mit seiner Herde Zuflucht vor den wilden, ketzerischen Lombarden suchte. Die Idee der Höhe scheint hier auf diesem winzigen Eiland wesentlich zu sein, die in den Augen des Bischofs zugleich Leuchtturm des Glaubens wie Wachtturm gegen Gefahren bedeutet haben muß. Die Flucht der Glaubenstreuen fand 638 statt, obwohl in Wirklichkeit schon 452 einige Siedler sich vor Attila hierher gerettet hatten. Von dieser ersten Siedlung, die vielleicht keine dauernde war, ist nichts geblieben. Aber Bischof Paul nahm vom verwüsteten Altinum seine Bischofswürde mit, und die Kathedrale S. Maria Assunta (wieder die Idee der Höhe) wurde im folgenden Jahr, 639, errichtet. Sie wurde zweimal abgeändert, zuletzt 1008, behielt aber ihre ursprüngliche Form bei, die der Kirchen von Ravenna, und strahlt, in hohem Grase stehend, noch immer die frühchristliche Aura des byzantinischen Statthalters aus, der Ravenner Kirchen San Vitale und Sant'Apollinare in Classe, die einst über einen Hafen blickte, heute eingefallen und mit jenem einsamen Pinienwald bedeckt sind, in dem Dante und Byron dichteten und sich Garibaldi verbarg.

Kein Gebäude in Venedig ist so alt wie dieses. Die Markuskirche, im Stil von Ravenna, wurde 829 begonnen, aber zweimal zerstört, einmal in einem Volksaufstand gegen einen tyrannischen Dogen niedergebrannt, wiederaufgebaut, und im elften Jahrhundert abermals abgerissen, von einem Dogen, der seine Kirche im modischen byzantinischen Stil gestalten wollte. (Es war sein Nachfolger, der Doge Selvo, der die griechische Frau heiratete.) Die heutige Markuskirche, in der Form eines griechischen Kreuzes, mit fünf Kuppeln, und, wie manche glauben, der Zwölf-Apostel-Kirche in Konstantinopel nachgebildet, geht auf seine Initiative zurück. Die venezianische Leidenschaft für das Bauen hatte auch ihre zerstörerische Seite. Als im sechzehnten Jahrhundert der Dogenpalast teilweise durch das Feuer vernichtet wurde, wurde eine Kommission von Architekten zu Rate gezogen, und Palladio empfahl, den Rest abzureißen und einen neuen Palast zu bauen. Hätte nicht der Florentiner Sansovino, der zweckmäßiger dachte, dagegen gestimmt, stünde heute der Dogenpalast im Palladio-Stil, und eines der Weltwunder wäre verlorengegangen. Die Kirche von San Geminiano (deren Zerstörung den Bannfluch des Papstes heraufbeschwor) wurde wiederholt abgerissen; ihr Standort auf dem Markusplatz brachte ihr Unglück. Sansovinos San Geminiano, die letzte ihrer Art, wurde von Napoleon demoliert, um die Fabbrica Nuova zu schaffen, wo sich heute das Correr-Museum befindet.

Der Papst hatte einigen Grund zur Empörung, denn es hatte den Anschein, als kehre die Kirche zum sechsten Jahrhundert zurück, zu Narses, dem Eunuchen, der Italien von Ravenna aus für Kaiser Justinian regierte und sich der venezianischen Transportmöglichkeiten für seine Armeen im Feldzug gegen die Goten bediente. Er war einer der ersten Fremden, denen der venezianische Wohlstand ins Auge fiel. Traditionsgemäß baute Narses zwei Kirchen, eine dort, wo heute die Piazza liegt, in Erfüllung eines Gelübdes: San Geminiano, die er mit Marmorsäulen und Edelsteinen ausschmückte, und die bescheidenere Kirche von St. Theodora, die später, wie ihr Patron und sein Krokodil, von San Marco aufgeschluckt wurde. Eine noch frühere Kirche, San Jacopo di Rialto, ist angeblich auf dem Platz einer Schiffswerft im fünften Jahrhundert errichtet worden. Aber die heutige Kirche von San Giacometto di Rialto (einmal im Jahr geöffnet), die sich als jene Kirche ausgibt, ist in Wirklichkeit eine Schöpfung des elften oder zwölften Jahrhunderts, die sehr viel restauriert und umgebaut wurde, zuletzt im siebzehnten Jahrhundert.

Die Venezianer sind passionierte Restaurierer. Die Gemälde im Dogenpalast sind vom achtzehnten Jahrhundert an durch Scharen von Restauratoren überarbeitet worden. Vielleicht sehen sie deshalb, wenigstens in meinen Augen, so schwunglos aus; selbst Tintorettos großes blaues Rundbild »Paradies« ist, von der Nähe betrachtet, enttäuschend – ich ziehe seinen Entwurf im Louvre vor. Mit Ausnahme von Veroneses »Fleiß« mit seinem fabelhaften Spinnennetz auf der Decke der Sala del Collegio, Tintorettos »Hochzeit der heiligen Katharina« im gleichen Raum, Tiepolos »Neptun bietet Venus die Gaben des Meeres dar« auf einer Staffelei in der Sala delle Quattro Porte und der Gestalt des Dogen Grimani in dem großen, zum Teil von Tizian stammenden Bild im selben Saal scheinen diese Meter bemalter Leinwand tot und konventionell. Von diesen Meistern macht man sich ein besseres Bild in der Scuola und in den Kirchen, von den Restauratoren seit langem vernachlässigt, oder in der Accademia, welche die meisten ihrer Gemälde im Lauf des neunzehnten Jahrhunderts aus privaten Sammlungen bekam, oder in den verschiedenen kleinen Museen – dem Correr, der Querini Stampalia, der Ca'Rezzonico –, die vor nicht allzu langer Zeit noch private Sammlungen waren.

Wie jeder Besucher weiß, hat nur ein Originalmosaik – das linke – auf der Fassade der Markuskirche überlebt. Die anderen sind »Restaurationen«. Weniger bekannt ist die Tatsache, daß die Torcello-Mosaiken ebenfalls restauriert worden sind, vor allem das »Weltgericht«. Ich selbst hätte das nie bemerkt, wenn man es mir nicht gesagt hätte. Aber Sachkundigere schmerzt es, die behaupten, daß es Tiefe und Glanz verloren hat, welche die unebenmäßige Fassung der Steine bewirkte. Die gesamte Kathedrale und San Fosca haben Restaurationen mitgemacht. Man hat den barocken Zierat entfernt und neue Ziegel eingesetzt, um die kahle, primitive Note wiederherzustellen. Ich finde das, hier in Torcello, nicht weiter unzulässig, denn die Restaurierung betont nur die Wahrheit dieser Kirchen, daß nämlich das Leben aus ihnen geflohen ist.

Man zahlt seinen Eintritt und tritt in die Kathedrale ein. Im

Fond der Kirche, hoch oben hinter dem Altar, leuchtet die Madonna auf einem goldbraunen Hintergrund. Ihr gegenüber, auf der Wand des Eingangs, befindet sich das »Weltgericht«. Eine feierlich-ernste Gegenüberstellung, findet Ruskin, und theoretisch müßte es das auch sein: die Letzten Dinge – Tod, Auferstehung, Unsterblichkeit, Gericht – stehen dem Ersten gegenüber – dem Geheimnis der Inkarnation. Aber der wirkliche Effekt ist ein ganz anderer. Man muß der Madonna den Rücken kehren, um zu dem Weltgericht aufzublicken (zwölftes Jahrhundert, venezianisch, byzantinische Ikonographie), und diese Drehung ist bedeutsam, gewiß nicht beabsichtigt, aber dennoch bezeichnend.

Das Weltgericht ist in fünf Stufen angeordnet, mit der Kreuzigung darüber und einer betenden Madonna in der Lunette über der Tür: der Abstieg ins Fegefeuer; Christus in seiner Glorie mit der Madonna und den Heiligen; Die Auferstehung des Fleisches; die Scheidung der Erwählten von den Verdammten: ewige Seligkeit und ewiges Höllenfeuer. Es ist eine feierlich-ernste Anordnung, und das riesige Mosaik ist auf den ersten Blick ehrfurchtgebietend, wie das die griechischen Mosaiken sind. Aber der Christus in seiner Glorie, der nach griechischen Begriffen der strahlende Mittelpunkt der Geschichte sein müßte, ist das blasseste der Paneele. Die Aufmerksamkeit wird auf die »unterhaltenden« Momente der Erzählung verlagert: Der Engel auf der rechten Seite des dritten Paneels mit der Posaune des Jüngsten Gerichts, die als eine Art von Tuba dargestellt ist, bläst mit den anderen, flötenbewehrten Engeln einer mit Kopfschmuck, Arm- und Beinreifen geputzten heidnischen Nereide den Befehl zu, die Puppenleichen, welche von menschenfressenden Fischen und gefleckten Seeungeheuern gefressen wurden, freizugeben, während links zwei Engel, die auf dem Land stationiert sind, dem Löwen, König der Tiere, zuflöten, er sollte seinen Gefährten befehlen, ihre halbverschlungene Beute wieder auszuspucken; die Verdammten auf dem vierten Paneel, die in die Hölle getrieben werden, und der Teufel als behaarter, schwarzangemalter Großvater, ein Seele auf seinen Knien schaukelnd, während gegenüber die Erwählten zuschauen, wie Publikum auf einem Sportereignis. Im untersten Feld lenkt das Höllenfeuer, das mit gelockten Flammen an nackten alten Wüstlingen leckt, die Aufmerksamkeit von der ewigen Seligkeit ab; in dem obersten Paneel wird auf Hoheit zugunsten des Schauspiels verzichtet, wie ein unwilliger, widerspenstiger, unverbesserlicher Adam im weißen Bart von einem strengen Erlöser gepackt wird, der Gewalt anwenden muß, um den Alten aus seinem bequemen Leben im Fegefeuer herauszuholen.

All das ist orthodoxe Theologie. Die Posause des Jüngsten Gerichts ruft in der Tat zur Auferstehung des Fleisches auf – »all jene, die die Flut vernichtet hat und das Feuer vernichten wird« –, und eine der Freuden der Seligen besteht darin, über das Geländer hinunter in die Hölle zu schauen und zuzusehen, wie die Verdammten gefoltert werden. Aber man kann nicht umhin, über dieses Mosaik zu lächeln, weil die venezianische Bildhaftigkeit und Vorstellungskraft die Eschatologie in eine verschnörkelte Volkssage verwandelt hat, die nicht weit entfernt ist von Carpaccios erzählenden Darstellungen. Die Tuba, die kostümierte Nereide, die gefleckte Seeschlange, die wie ein gehorsamer Hund mit seinem Opfer in den Fängen dasitzt – diese bildhaften Einzelheiten in starken klaren Farben, Rot, Weiß und Türkis, sind Ausgeburten venezianischer Phantasie, die stets eine Ergänzung der venezianischen Vernunft und Logik ist.

Von Byzanz bleibt in diesem Mosaik nichts als sein stupendes Format, die mahnende Gestalt des Erlösers mit dem Kreuz und die beiden hierarchischen Erzengel im orientalischen Gewand rechts und links auf dem obersten Paneel. Und natürlich die Kleidung der Damen.

Sobald man sich aber dem Altar zuwendet, ist es mit dem heiteren Realismus Venedigs vorbei. Eine ganz andere Stimmung geht von der leuchtenden, weißgetünchten Basilika und ihren drei Kirchenschiffen aus, die von achtzehn griechischen Säulen getragen werden, deren weiße Marmorkapitelle aus Blattornamenten bestehen. Ruskin verglich sie mit einer Arche, und als solche empfindet man sie in der Tat: als einen Bund zwischen Gott und den ersten Siedlern, deren Steuermann, mit Ruskins Worten, der Bischof ist – eine geläufige frühchristliche Vorstellung. Durch die hohen, kargen Fenster fließt blaues Licht, und die Nereide mit den Gestalten der Unterwelt ist direkt hinter einem. Die Mauern sind nahezu schmucklos, und das gesamte Augenmerk wird durch die voranschreitenden Säulen auf den schlichten steinernen Altar gelenkt, der buchstäblich ein Tisch ist, sowie auf die goldene Wölbung darüber, die das himmlische Licht symbolisiert. Vor diesem goldenen Hintergrund, auf einer teppichartigen Plattform, steht die Mosaik-Jungfrau, eine ernste Gestalt in einem dunkelblauen, fransenbesetzten Kleid, die das Kind in dem einen Arm hält, während der andere steif an die Brust gedrückt ist. Sie ist sehr dünn, zu einer schmalen, traurigen Mahnung komprimiert, einem einzigen Ausrufungszeichen auf der leeren goldenen Wölbung. Ihr Ausdruck ist abweisend – ja, einschüchternd, als wäre sie die Oberin eines rauhen Büßerordens. Selbst das trifft es noch nicht: Ihr Ausdruck ist anklagend. Darunter steht eine Apostelgruppe, im Stil von Ravenna. In der Kapelle zur Rechten befinden sich einige reizende frühe Mosaiken, Engel mit dem Lamm; in der Hauptapsis gibt es ein wunderschönes Flachrelief von Löwen und Pfauen; in der rechten Apsis steht »Attilas Sessel«, angeblich der Sitz, von dem die Tribunen des Statthalters Recht sprachen. Die Kirche enthält auch die Gebeine des heiligen Heliodorus, dem ersten Bischof von Altinum, sowie eine Inschrift – die früheste in der venezianischen Geschichte –, welche die Gründung der Kathedrale im Namen des Kaisers Heraklius und des Statthalters Isaak vermerkt.

Am eindrucksvollsten bleibt die seltsame Gestalt der Jungfrau, zart, schlank und gespannt, wie eine ernste schmale Statue in außerordentlicher Höhe. Sie ist, trotz ihrer Herbheit, nicht byzantinisch. Auch nicht ravennisch, falls es das Wort gibt. Offiziell gilt sie als eine *»capo-lavoro«* der venezianischen Schule. Aber in Venedig gibt es nichts Ähnliches, und ihr trauriger, anklagender Blick scheint starr auf die venezianischen Kapricen des »Jüngsten Gerichts« geheftet – die ein halbes Jahrhundert vorher entstanden –, als verdamme sie sie. In ihrer isoliert steilen Höhe wirkt sie wie ein eigentümlicher Lokalgeist von Torcello, ein standhaftes, leuchtendes Mahnmal in der leeren Kathedrale, das selber ein Leuchtturm erloschenen Glaubens ist.

Etwas von diesem eigensinnigen Glauben ist noch in dem rothaarigen Knaben zu spüren, der die Mosaiken erklärt. Er hörte, wie ich sie eines Nachmittags einem Freund deutete, und es kann nicht berufliche Rivalität gewesen sein, die ihn veranlaßte, sich einzuschalten. »Nach der Kreuzigung«, sagte ich gerade, »soll Christus ins Fegefeuer hinabgestiegen sein –.« »Nicht ›soll‹ – er *tat* es«, unterbrach der Knabe bestimmt. Das war etwas bestürzend anderes als die Reden der venezianischen Küster, mit ihrem *»che bello«, »che luce«* usw. Torcello ist »etwas anderes«, wie die Touristen untereinander sagen. Ruskins Begriff vom mittelalterlichen Venedig, *»citta apostolica e santa«,* wird durch Torcello gestützt, wie auch die opernhafte Vorstellung von Venedig als nordischem Neapel durch Burano und Chioggia gestützt wird, während die Glasbläserstadt Murano, mit ihren Spitzbogen-Palazzi, Durchgängen, Arkaden und Säulenhallen einen Blick in das sybaritische Venedig der Renaissance gewährt, das eine Art von trügerischem »Florenz im Exil«, war. Bembo, Tasso und Aretino lebten in Murano; es war ein luftiger Ruhesitz für humanistische Herren, die Kunstgegenstände und seltene Pflanzen sammelten, platonische Gespräche führten und griechische und lateinische Werke in schönen venezianischen Einbänden lasen. Murano war eine Art »Lustschloß« und verfiel im siebzehnten Jahrhundert; Ende des neunzehnten Jahrhunderts erstand es von neuem als Industriestadt, als die Glasbläserei wieder zu Ehren kam. Das ist das Gespenstische der Lagunen: Venedig ist von einer Reihe toter Städte umringt, von denen jede eine gescheiterte venezianische *Möglichkeit* darstellt.

6

Die Renaissance kam spät nach Venedig. Giotto war schon fast hundert Jahre tot, als Jacopo Bellini, 1429 von seinem Aufenthalt in Florenz heimgekehrt, in San Geminiano sein Atelier aufmachte und Unterricht in der florentinischen »Manier« bot. Jacopo war mit einem Satz Perspektive-Kästen ausgerüstet, in denen er kleine Figuren aus Wachs und Stoff aufhängte – ein harmloses Hilfsmittel für Anfänger, um eine Befolgung der in der Toskana festgelegten Regeln für perspektivisches Zeichnen zu erleichtern. Solche technischen Hilfsmittel für Präzision blieben lange in Venedig beliebt. Hundert Jahre später konstruierte Tintoretto Miniatur-Häuser, um darin Licht- und Schattenwirkungen auszuprobieren – Longhi nennt ihn einen vulgären Bühnenregisseur, der mit seiner Donner-Maschine, seiner Regen-Maschine, seiner Licht-Maschine operierte ... Er benutzte auch eine Sammlung Gipsabgüsse von Werken der Antike und Michelangelos.

In Padua, wohin der Pionier Jacopo umzog, unterrichtete sein Zeitgenosse, der Pedant Squarcione, die Lehren der Antike nach einer Sammlung altgriechischer und römischer Statuen, Reliefs und Fragmente. Dieser Klassizismus Squarciones verfolgte ein enges Ziel: die Genauigkeit des Ornaments. Seine Schüler überflügelten ihn. Die Blumen und Früchte der Schule von Padua, die Throne und architektonischen Details sind dekorative »antikisierende« Rahmen für perspektivische Gemälde von härtestem Realismus: die »graphischen« Gestalten Mantegnas, sein eiskalter toter Christus und gequälte, quälende, gramzerfurchte Madonnen, die große, steinharte Tränen weinen.

In Venedig wurde das alles vermenschlicht durch Mantegnas Schwager, Jacopos illegitimen Sohn, den »männlichen Johannes Bellini«, wie Ruskin ihn gern nennt, ihn so zu einer Art von Ehren-Engländer stempelnd. Das Beiwort trifft jedoch zu. Giovanni Bellini war ein echt männlicher Typ, zart und empfindsam, aber von ritterlicher Gesinnung, ein idealer Bürger der friedliebenden Republik, der sehr alt wurde. Bis in sein hohes Alter arbeitete er und bildete er sich fort, wie ein schlichter Handwerker, folgte anfänglich der gotisch-byzantinischen Tradition, danach Mantegna, ging dann zu Piero und der Öltechnik der Brüder van Eyck über und schließlich zu seinem jungen Schüler, Giorgione, von dem er zu lernen begann, nachdem er die Siebzig überschritten hatte. In dieser langen Lebensspanne, die weit in das sechzehnte Jahrhundert hineinreichte, verkörperte er phylogenetisch die aufeinanderfolgenden Stadien, vom Morgengrauen bis zum Mittag jenes neuen Tages, der die venezianische Renaissance bedeutete.

Das Geheimnis der Brüder van Eyck gelangte nach Venedig aus Flandern, über Neapel, durch einen Sizilianer, Antonello da Messina. Schon ehe Jacopo seine Schule eröffnete, war Venedig eine Station für wandernde Künstler gewesen. Die Stadt war voller Griechen – Kolonien von Mosaikarbeitern und jener Madonnenbildner, zu denen viel später El Greco, der Kreter, gehörte. Da waren die Slawen, die der Riva degli Schiavoni ihren Namen gaben und – mit Gregorio Schiavone und Antonio da Negroponte – eine gewisse russische Note in die venezianische Malerei brachten. Zu Jacopo Bellinis Zeit hatte eine lombardische Kolonie von Architekten und Bildhauern, die sogenannte Lombardi-Familie, begonnen, Kirchen, Kapellen, Grabmäler und die neuen Marmorpaläste zu bauen, die mit ihren Auflagen aus Porphyr und Schlangenstein Philipp de Commines so beeindruckten. Uccello war in Venedig gewesen, wo er an der Mascoli-Kapelle in der Markuskirche gearbeitet hatte. Guariento, aus Padua, hatte Fresken für den Dogenpalast gemalt (von denen ein paar versengte Fragmente übrig sind). Masolino passierte es auf seinem Fußmarsch nach Ungarn und gab Antonio Vivarini einige Stunden, der mit seinem Bruder Bartolommeo ein Atelier in Murano besaß. Dürer war zweimal in Venedig und fand auf seiner zweiten Reise den alten Giovanni Bellini »noch immer den besten Maler«. Zur Zeit von Giorgione kam Leonardo hin.

Giotto war in Padua gewesen und hatte die Fresken für die Capella Scrovegni gemalt. Donatello war dort und schuf die große Reiterstatue des venezianischen Condottiere Gattamelata – ein Renaissancebildwerk der Macht, das wie ein trojanisches Pferd auf dem öffentlichen Platz stand, aus dem, nach dem Bruch mit Squarcione, der gepanzerte Mantegna und seine Anhänger hervorgehen sollten. (Diese Statue erregte den Neid des bergamaskischen Condottiere Colleoni, der der Republik einhunderttausend Zechinen vermachte, wenn sie ihm ein Denkmal auf dem Markusplatz baute. Die Republik betrog den toten Krieger und ließ die stolze Statue auf dem SS.-Zanipolo-Platz, an der Scuolo di San Marco, aufstellen.) An die Schule Vivarinis in Murano kam ein gewisser Deutscher, Giovanni d'Alemagna, der mit Antonio für die Nonnen von San Zaccaria und der Carità arbeitete und reizende gotische Heilige für vergoldete Holzrahmen schuf. In Padua ließ sich dieses hintangebliebene Paar auf einen Machtkampf mit dem jungen Mantegna um die Ausschmückung der Eremitanikirche ein; sie vollendeten die vier Evangelisten in dem Gewölbe und zogen sich zurück.

Die Niederlage der Muraner war unvermeidlich; sie beugten sich der Macht des Fortschritts. Darin spiegelte sich die untergeordnete Rolle, die die Venezianer in allen Künsten, außer dem Mosaik, gespielt hatten. Ihre Spitzbogen-Architektur war zu fremdländisch, um die Welt der Renaissance zu beeindrucken, außer mit dem Reichtum ihres Dekors. Sie hatten nie Fresken zu malen gelernt, worin die Toskaner groß waren. Die gotischen Lüfte, die über die Berge, von Avignon und Flandern her und von Emilia und den Marche heraufgeweht waren, hatten nicht die Kraft gehabt, den vorherrschenden Byzantinismus zu vertreiben. Im Herzen blieben sie Ikonenbildner und Mosaikarbeiter, in regloser Pracht erstarrt: eine Ikonostasis. Selbst wenn sie gotisierten oder burgundisches Rittertum anstrebten, wie bei Jacobello de Fiore, der goldenen Zierat – Bandrosetten – auf seinen modebildähnlichen Erzengel klebt, bleibt die orientalische Starrheit bestehen. Jacobellos vergoldete Arabesken gehören eher zur Architektur als zur Malerei; sie gleichen dem spitzenartigen Fensterwerk der Palazzi auf dem Canal Grande, die ebenfalls schwer vergoldet waren, bis die Zeit sie verwitterte.

Die Faszination, die das Gold auf die Venezianer ausübte, ließ sie alles als eine Fläche betrachten, die zu Vergoldung geeignet war, um in dem blendenden, vom Wasser zurückgestrahlten Licht zum Funkeln gebracht zu werden. Die Liebe zu räumlicher Tiefe, bei den anderen Italienern ein natürliches Gefühl, das ihrer Geographie, mit ihren sanften breiten Mulden, in den Ebenen der Lombardei, Umbriens und Apuliens entsprang, hat es ursprünglich in Venedig nicht gegeben, das keinen Raum besaß, sondern nur einen schmalen, gewundenen Kanal, um die verzierten Fassaden widerzuspiegeln. Viele Europäer sind schockiert über die Gleichgültigkeit der Venezianer gegenüber den Rückansichten ihrer Gebäude – Longhenas Salute, beispielsweise, die entworfen wurde, um die »Aussicht« von der Piazetta zu vervollständigen, entsetzt den architektonischen Puristen ebenso, wie die vernachlässigten Hinteransichten der Palazzi die puritanischen amerikanischen Hausfrauen abstoßen. Für eine Rundansicht ist Venedig nicht geschaffen.

Venezianische Architektur ist in der Tat Bühnenarchitektur, die sich (bis Palladio) wenig um Grundsätze scherte und nur auf »Effekte« bedacht war. Venedig ist die schönste Stadt der Welt, aber es brachte nur einen einzigen Architekten hervor – Palladio –, der nach einer bestimmten Konzeption arbeitete. Die Kraft des Geistes, das Setzen und Lösen architektonischer Aufgaben fehlt in venezianischen Bauten, die das Auge mit Tricks und schönem Schein gefangennehmen, wie die Gegner Venedigs gern bemerkten. Die Florentiner waren Intellektuelle, die Venezianer aber nicht. Schon in der frühen Renaissance wurden sich die Venezianer dieses Mangels bewußt; sie luden Florentiner Humanisten ein, sich in der Republik niederzulassen; sie druckten Florentiner Bücher; und später, im sechzehnten Jahrhundert, bedienten sie sich eines etwas heruntergekommenen Florentiners, Jacopo Tatti, genannt Sansovino, der für seine architektonische Prinzipienlosigkeit bekannt war, um die Stadt im Hochrenaissance-Stil umzufrisieren. Es gibt in Venedig fünfzehn Kirchen und öffentliche Gebäude, die ganz oder teilweise von Sansovino geschaffen wurden, darunter einige der berühmtesten: das Münzhaus, die alte Bibliothek, die Logetta auf dem Markusplatz, die Scala d'Oro (wahrscheinlich), die Bank von Italien am Canal Grande, die Ca'Grande, San Francesco della Vigna. Man hat an Sansovinos Werk den Mangel an Gewissenhaftigkeit beanstandet, seine fast sklavische Anpassung an die venezianische Liebe zum Aufwand. Aber wer, außer einem Puristen, würde sagen, daß die Venezianer mit der Anstellung eines so wendigen Künstlers einen Mißgriff getan hätten?

Sansovino war für sie genau der Richtige. Die fragile Schale Venedigs hätte kaum das Gewicht eines Brunelleschi, eines Alberti, eines Bramante ertragen. Sogar Palladio ist für die schwimmende Stadt ein bißchen zuviel. Seine beste Arbeit steckt in den schloßartigen Villen Veneziens, wo die natürliche Ordnung sanft abfallender Hügel, von Feldern und Weinbergen, die durch die jahrhundertlange italienische Landwirtschaft symmetrische Form gefunden haben, eine räumliche Harmonie mit der klassischen Ordnung bilden konnten. Die Palladio-Kirchen von Venedig selbst, vor allem San Giorgio Maggiore, sind, von nahem betrachtet, enttäuschend; sie benötigen Dunst oder Sonnenuntergang oder nächtliche Beleuchtung – Bühneneffekte –, damit ihr Schein funktioniert, der Schein einer Luftspiegelung oder schillernder Wolken über den Wassern.

Aus einem Schweinsohr läßt sich keine Seidenbörse machen. Venedig scheint der Gegenbeweis für solche Sinnsprüche. Die Florentiner, die unfähig waren, sich selbst zu regieren, brachten einen großen Regierungstheoretiker hervor: Machiavelli. Die Venezianer besaßen keine Theoretiker und entwickelten eine Musterrepublik.

Der beste Maler des venezianischen Trecento – Paolo Veneziano – ist zugleich der byzantinischste. Das »Venezianische« in seinen strengen, formal eleganten, stilisierten, fast harten Bildern ist eine Art von Über-Byzantinismus, eine Verfeinerung des Geschmacks, die Byzanz übertrifft. In dem Polyptychon der Accademia fällt ein Stück gestreiften Stoffs ins Auge – »venezianischer Kleiderstoff«, sagt man sich. Aber die künstlerische Eigenart, die sich in der Überbetonung dieser scharfen Horizontalen gefiel, hatte im Westen nicht ihresgleichen. Paolos Nachfolger, Lorenzo Veneziano, fügt einem leeren Byzantinismus ein paar derbe, rötliche Töne aus Emilia hinzu, der, bloß weil er blond ist, nicht fortschrittlicher wird. In dem folgenden Jahrhundert bläst Antonio Vivarini die Wangen seiner Madonnen und weiblichen Heiligen auf und blondiert ihr Haar, bis sie flämischen Jungfrauen gleichen; jedoch ordnet er sie statisch und vertikal an, wie eine byzantinische Kaiserin im Kreis ihrer Hofdamen. Antonios Ausflüge in die Renaissance (»Die heilige Katharina stürzt das Götzenbild des Bacchus«) waren von dem schwindelerregenden Zauber der Vertikale beherrscht: hohe Säulen und Kolonnaden, Leitern und bezaubernde langgezogene Stoffalten schaffen eine schmale Höhe ohne Tiefe.

Die geglücktesten Werke Jacopo Bellinis sind nicht seine »Neuerungen«, wie die Correr-»Kreuzigung«, wo Gruppen von Giotto-ähnlichen trauernden Frauen und bärtigen orientalischen Weisen dem New Look der Perspektive unterworfen sind, sondern jene hellfarbigen, flachen Madonnen, halb mittelalterlich-florentinisch, halb byzantinisch, wie die rosa und schwarze »Jungfrau mit dem Kind« in der Accademia. In Jacopo steckte etwas von einem Miniaturmaler, wie auch in seinem Sohn Gentile, der in die Türkei reiste und Porträts von dem Sultan und seinem Hof malte; den persischen Miniaturmalern gefiel sein Stil, und unter den Miniaturen der Herat-Schule befindet sich auch eine Kopie von Gentile Bellinis »Porträt eines malenden Mannes«.

(Das sonderbare Moment der Vervielfachung tritt nun auch bei den Malern auf. Es gibt drei Bellinis, drei Vivarinis, zwei Tintorettos, Vater und Sohn, wenigstens vier Bassanos, Palma Vecchio und Palma Giovane, zwei Longhis, zwei Tiepolos, Canaletto und seinen Neffen Bellotto, zwei Riccis, zwei Guardis, drei Caliaris – einer davon war der Maler, den wir als Veronese kennen –, vier Vecelli – einer davon war der Maler, den wir als Tizian kennen. Diese Maler-»Firmen« – und auch bei den Bildhauern gab es solche Familienfirmen – waren in Italien, zumindest in solchem Umfang, etwas Einzigartiges. *Bellini und Söhne, Tintoretto und Sohn, Longhi und Sohn,* zuverlässige Verbände, die – wie die Juweliere und Glasbläser – hohe Qualität produzierten, bezeugen die geschäftstüchtige und konservative Ader der venezianischen Zivilisation.)

Jacopos Laufbahn enthüllt, gleich seinen Perspektivekästen, eine gewisse Unsicherheit, einen Mangel an Selbstvertrauen. Bis Tizian sind Schüchternheit und vorsichtige Bescheidenheit das Kennzeichen der venezianischen Maler, selbst der kühnsten: Giovanni Bellini, Carpaccio, Giorgione von Castelfranco. Diese Scheu macht einen ihrer Reize aus. Langsam erwacht die venezianische Malerei, wie das Erwachen eines verzauberten Waldes. Ein bunter Vogel hüpft von dem Schoß einer steifen Madonna; eine Blume blüht in dem *hortus conclusus;* ein Kaninchen hüpft hinein; Wasservögel recken die Hälse; Pfauen steigen von den Friesen herunter und beginnen zu promenieren. Ochsen und Lämmer tauchen grasend auf den Hängen religiöser Gemälde auf, hinter der thronenden Madonna und ihrer Palastwache von Heiligen. Es ist die heimliche Geburt der Landschaftsmalerei.

Für die Toskaner ist Landschaft ein Tiefenraum, ein Durchblick, eine natürliche »Perspektive«, die Verkürzung der Ferne, die die Dauerhaftigkeit des Zimmers, dessen Fenster auf sie hinausblickt, unterstreicht. Für den Marcheser Maler ist die Landschaft eher ein verzierter grüner Teppich, auf dem luftige Erscheinungen spielen. Für den Umbrier ist sie sowohl das eine wie das andere. Für Mantegna und die Schule von Padua ist sie ein verkalktes, abschüssiges Gelände, manchmal von Sträuchern eingefaßt, mit einer verfallenen Stadt auf dem Gipfel, zu welcher ein paar winzige Gestalten hinaufschreiten. Giovanni Bellini hat die Mantegna-Landschaft genommen und sozusagen Weideland daraus gemacht, wie Padua selbst, die Höhle wilder individualistischer Despoten – der monströse Ezzelino da Roma, Statthalter Friedrichs II., und die Carresi, berühmt für ihre Grausamkeit – sich unter das milde Joch der Handelsrepublik beugte.

Bei den Venezianern ist, dank Bellini, die Natur lebendig, ein Schauplatz der Geschäftigkeit, mit Herden und Einsiedlerzellen gesprenkelt, mit Flüssen bewässert und mit Ritterburgen gekrönt. Ein Landschaftshintergrund von Bellini ist sowohl ideell wie erdverbunden, eine himmlische Vision irdischen Bodenbaus, über den ein Ritter zu Pferde sprengt, der den letzten Drachen getötet hat. Eine Madonna von Bellini, die vollen, sinnenden Lider gesenkt, sitzt bescheiden, das Kind in den Armen haltend, auf einem Marmorthron, der mit kostbaren Stoffen behangen und mit Edelsteinen besetzt ist. Zu ihren Füßen, auf den teppichbelegten Stufen des Throns, unterhalten sie Pagen-Engel mit Madrigalen zur Laute, eine Sphärenmusik, die mit süßem Zauber über die Fluren hallt, die man hinter ihr erspähen kann. Jene fernen Gipfel sind eine blaugoldene Offenbarung des Paradieses. Die Rollen sind vertauscht. Der Himmel ist auf der Erde angesiedelt, irgendwo in den Bergen bei Asolo, und die Jungfrau auf ihrem Thron ist in ihrer Majestät nicht fröhlich, sondern fast wehmütig.

Dieser Blick auf die fruchtbare Natur hinter einer heiligen Szene ist alles, was sich der fromme Bellini in den Bildern gestattet, die er so oft wiederholte, daß sie die Quintessenz Bellinis zu enthalten scheinen: die verschiedenen Madonnen in der Accademia, die heiligen Christoph, Hieronymus und Augustinus in San Giovanni Crisostomo, die »Madonna und der Doge Barbarigo« in San Pietro Martire in Murano, die »Madonna mit den Heiligen« in San Francesco della Vigna. Aber in der Mitte seiner Laufbahn zog er, für kurze Zeit, den Schleier fort und konfrontierte die Natur in ihrer ganzen Weite mit dem Drama einer Transfiguration, einer Auferstehung oder einer Pietà. Die Erde, von dem heiligen Vorfall erleuchtet wie ein Zeuge, der zur Aussage gezwungen ist, wird in ihren gewohnen Ablauf ebenso ergriffen, wie es die Jungfrau war, thronend in ihrer Glorie oder in ihrem Kranz roter Cherubine.

In einem seiner späten Werke, »Madonna mit Heiligen« in San Zaccaria, ist die Tür zum Erdenreich geschlossen, und die himmlische Gesellschaft meditiert in einem Marmorgemach, ein jeder völlig in die eigenen Gedanken vertieft.

Erde ist der Urstoff Cimas, dem Sohn eines Fellhändlers aus dem hügeligen Conegliano in dem ländlichen Venezien. Seine vierschrötigen bäuerlichen Madonnen verraten ihren Ursprung in den eigentümlich weißlichen Lehmtönen ihrer Haut, gehärtet im Ofen des Töpfers. Dieser sanfte Hirte unter den venezianischen Malern – (»virgilisch« nennt Longhi ihn und vergleicht seine Landschaft mit dem klassischen *rus* der Georgica) – tauchte Bellinische Landschaft und Figuren in blendendes Berglicht, in welchem sie nahezu plastisch wirken. Cimas goldenes, kristallisches Licht ist das Licht Veneziens in herbstlichen Tagen, wenn das Laub gerade anfängt sich zu verfärben und die Walnüsse und Pilze und weiße Weichkäse von den Bergen herab zu den Märkten vom Rialto und von Santa Maria Formosa gelangen. Man sieht ihn mit anderen Augen – in der Accademia, in den Kirchen von Madonna dell'Orto und San Giovanni in Bragora – wenn man Treviso erlebt hat, mit seinem weidengesäumten Fluß, wo die Krebse hausen, und den exponierten kleinen Bergdörfern in der Nähe der Kampflinien des Ersten Weltkriegs von Monte Grappa und der Piave. Seine Jungfrau mit dem kantigen Kinn sieht einen mit schrägem Blick an, dem etwas harten, wägenden Blick der geschäftstüchtigen Bäuerin; seine zottigen Johannes-der-Täufer-Gestalten und lockenköpfigen männlichen Heiligen sind Hirten; und seine musizierenden Engel schielen.

Woran erkennt man venezianische Malerei? An den strahlenden Farben, sagen die einen (Antonellos Geheimnis); an einer besonderen Leuchtkraft die anderen (das Licht der Lagunen). An dem Gegenstand, würden viele gestehen, und meinen die Göttinen mit ihren milchweißen Busen, den Perlen in ihren goldnen Coiffuren, von Tizian, Tintoretto und Veronese, oder die Ansichten von Guardi und Canaletto. Ich würde sagen, daß sie sich – auf unverwechselbare Weise – durch eine gesteigerte Wirklichkeitsnähe identifiziert, eine Ehrfurcht für die konkrete Welt.

Die venezianischen Kaufleute waren, lange bevor es eine venezianische Schule gab, mit dem Sinn für Stoffe, Brokate, Seiden und Damaste vertraut. Diese reichen Materialien bilden eine Seite der Kontinuität in der venezianischen Malerei. Angefangen mit Salomes Pelz und Santa Claras gestreiftem Umhang oder den Goldrosetten Jacobello del Fiores, wird die Schau der Bekleidungsmaterialien fortgeführt, über Bellini, Giorgione, Tizian und Veronese, in gerade Linie zu dem theatralischen Lagerhaus, das Tiepolo für seine Himmelsflüge bevorzugte. Florentinische Madonnen tragen durchsichtige Schleier und vornehme »alte Stoffe« – verblaßte blaue und altrosa Töne mit nachgedunkeltem Goldbesatz –, die seit Generationen in einer geizigen toskanischen Familie weitervererbt worden sind. Für die Venezianer kommt so etwas nicht in Frage. *Ihre* Madonnen und heiligen Lucien und Katharinen sind in nagelneue Stoffe gekleidet, direkt vom Ballen – kostspielige gemusterte Damaste und Samte, olivgrüne und zinnoberrote Seiden. Keine venezianische heilige oder weltliche Gestalt darf sich schlecht anziehen. Ein Bauernmädchen, das in das Frühstückszimmer eines longhischen Herrn mit Perücke geführt wird, trägt kleine spitze Atlasschuhe mit rosa Schnallen, die ebenso modisch sind wie die blauen Pantöffelchen im Schlafzimmer der heiligen Ursula. Gestreifte Silberbrokate, purpurner Samt, rahm- und elfenbeinfarbiger Atlas, gelber und lachsrosa Taft, reinweißes Angora, hellblauer Moiré – venezianische Malerei ist von Anfang bis zum Ende eine Schwelgerei in Kleiderstoffen.

Die Modenschau wird von einer Vogelschau begleitet. Vögel waren bei den Venezianern von jeher beliebt (wie auch bei Gefangenen); man sieht sie heutzutage in ihren Käfigen ein Sonnenbad nehmen auf den weinumrankten Balkonen, *altane,* und in den Torbögen der Hintergassen und auf den Loggien der Paläste am Canal Grande. In dem Torbogen, durch den ich täglich gehe, in der Nähe von San Zaccaria, schaukeln zehn Vögel in ihrem Käfig. Diese Hausvögel sind ein ständig wiederkehrendes Detail in der venezianischen Malerei. Am berühmtesten sind die in Carpaccios »Kurtisanen« – die beiden dicken erhitzten Frauen haben eine Volière auf ihrer *altana.* In der »Geschichte der heiligen Ursula« sitzt auf dem Handgelenk eines Herrn ein Falke. In dem bekannten Veronese in der Villa Maser steht auf dem Balkon ein Knabe mit einem Vogel. Tizians Maria, in der »Verkündigung« der Scuola di San Rocco, ist ein Vogel beigestellt. Auf den Stufen von Cimas »Mariä Tempelgang« befindet sich neben dem Korb Eier, der auch bei Tizian vorkommt, ein Käfig mit Vögeln. Neben einer Bellini-Madonna in dem Duomo von Bergamo sitzt in einem grobgeflochtenen Strohkorb eine Taube, wie bereit für den Markt.

Dieser Realismus, diese Andeutung häuslicher Intimität ist es, was die venezianischen Maler auszeichnet. Tintoretto gab San Rocco einen Spaniel bei. Der Hund des heiligen Hieronymus war ein Liebling Carpaccios; in dem »Wunder des wahren Kreuzes« erscheint er von neuem, in einer Gondola.

Das Hündchen der heiligen Ursula erwacht auf ihrem Schlafzimmerteppich beim Eintritt des Engels. Drei Hunde tummeln sich schnuppernd in dem »Antrag«. Der Hund in Veroneses »Abendmahl« wurde bereits erwähnt, aber die Inquisitoren dürften kaum genau hingeschaut haben, denn in Wirklichkeit sind zwei Hunde vorhanden. »Die Kurtisanen« besitzen zwei Hunde, um sie aus ihrem trägen Stumpfsinn aufzurütteln, sofern das Geschöpf in der linken Ecke, das wie ein Ameisenbär aussieht, wirklich ein Hund ist.

Aber Carpaccio besaß einen ganzen Zoo – Rehe, Kamele, Fasane sowie Hunde, Löwen, Drachen und Basilisken. Alle diese Tiere scheinen zahm zu sein. Das trifft auch auf Bellinis Tiere zu. Die exotischen Giraffen, Dromedare und Löwen in den Osterlegenden Bellinis sind ebensowenig erschreckend wie die Lämmer, Ochsen und Kaninchen der Landschaft Veneziens, oder das strohfressende Nilpferd, ein Wunderwerk des achtzehnten Jahrhunderts, von Longhi gemalt, das in der Ca'Rezzonico hängt.

Alle Vögel und Säugetiere, ob wilde oder Haustiere, stehen den venezianischen Malern nahe. Kiebitze und Fasane, Pfauen und Rebhühner, Reiher und Sumpfhühner ehren die Jungfrau bei Antonio da Negroponte (»Die thronende Madonna« in der Kirche von San Francesco della Vigna), in Mansuetis »Flucht nach Ägypten«, bei Tintoretto. Tintoretto hat watende Vögel am liebsten, in tiefgelegenen dunklen Weihern und schilfbewachsenen Flüssen; sie treten neben dem Bethlehemstall in seiner »Geburt« auf. Tizian liebt weiße Kaninchen; Veroneses Renaissance-Herren, mit weißen Halskrausen, mögen hochgezüchtete Jagd- und Windhunde. Carlo Crivelli malte eine wunderbare Fliege, die einem Stilleben des achtzehnten Jahrhunderts oder einem entomologischen Dia entstammen könnte. Crivelli fügt gern Gurken zu seinen porzellanähnlichen, glasierten Früchten und Blumendekorationen, die seine Madonnen umgeben. Ein schlichter Realismus mischt sich ganz selbstverständlich mit dem Hochmodischen in der venezianischen Kunst. Das kahle, sonnengebräunte Haupt eines Apostels spiegelt das Licht eines Krugs aus Gold und Alabaster wider, den Magdalena trägt. Diese verwitterten, dunkelhäutigen, kahlköpfigen alten Fischer-Apostel mit ihren kupferroten Schultern sind ebenso bezeichnend für die venezianische Malerei wie die sinnlichen, sinnenden Madonnen, mit denen sie sich verbrüdern. Die weltabgewandten Heiligen – Franziskus, Aloysius, Antonius mit seiner Lilie – kommen viel seltener vor als die kampferprobten Patriarchen. Der etwas süßliche Alvise Vivarini ist der einzige Venezianer, der sich auf solche Gegenstände spezialisiert hat. Die militanten Heiligen San Marziale, Sankt Martin von Tours, San Liberale und die ersten Bischöfe der Kirche in funkelnder Robe und Mitra waren stärker gefragt.

Das Paradoxe an der Verbindung von Luxus und Zweckmäßigkeit, von Schönheit und Schwerarbeit war für die Venezianer kein Paradox, die Palast und Lagerhaus unter demselben Dach vereinigten. Wiewohl es falsch wäre, zu behaupten, daß die venezianische Malerei eine demokratische Tendenz verkörpere, war das jedoch der Eindruck, den Giovanni Bellini, Cima, die Bastiani, Basaiti und – später – Tizian in mir erweckten. Die Gemeinschaft der Heiligen wirkt wie eine Gesellschaft von Gleichgestellten, sandalenbeschuhten Pionieren einer Musterrepublik, deren Frauen es sich leisten konnten, sich nach der neuesten Mode anzuziehen. Es ist eine Republik, die das Tierreich mit einschließt – eine Arche, könnte man sagen.

Eine übergeordnete Autorität fehlt oder ist unter die Bürgerschaft verteilt. Gott ist auf den Himmel »beschränkt«, wie der Doge auf seinen Palast. Die Liebe zu *dieser* Welt ist außerordentlich nivellierend, wie demokratische, reich gewordene Gesellschaften zur Genüge beweisen. Diese *pax Venetiana,* die sich auf die Malerei erstreckte, wurde nie ganz aufgehoben. Die Werke Giorgiones und Tizians sind, in Form einer träumerischen Renaissancesprache, Ausdruck einer allgemeinen Harmonie. Palma Vecchios heilige Barbara (in Santa Maria Formosa), mit ihren kräftigen nackten Zehen, ist eine militante Bürger-Märtyrerin. Veronese hat ein prächtiges Mannweib, eine stattliche Mme. Defarge, in seinem »Martyrium des heiligen Markus und heiligen Marcilian«, in der Kirche, wo er beigesetzt ist – San Sebastiano. Tizians kahlköpfiger Sankt Markus – auf der Decke der Salute-Sakristei – ist noch immer eine Säule unkorrumpierten Gemeinwesens. Und Tintorettos Riesenanstrengung in der Scuola di San Rocco trachtet nur danach, die Bibel auf eine stupend *alltägliche* Wirklichkeit zu übertragen, die sämtliche Klassen, Grade und Arten in seinem Schwung einbegreift.

Die venezianische Malerei blieb, wie die Künstler, heil bis ins hohe Alter. Sie ist voll Phantasie, aber niemals morbid. Die beiden morbiden Maler, Crivelli und Lotto, gingen fort aus dem kraftvollen, lebensfrohen Venedig und endeten als Wanderer in der Marche. Trotz großen Einfallsreichtums gibt es in der venezianischen Kunst keinerlei Verzerrung. Die Venezianer haßten (wie die Amerikaner) die Idee des Todes, während der ganzen Renaissance, die woanders darin nahezu verliebt war. Der Totenschädel erscheint nur selten in der venezianischen Kunst; ich kann mich eigentlich kaum entsinnen, je einen gesehen zu haben. Das Fehlen jeglichen Fanatismus im venezianischen Leben, das Vorherrschen irdischer Motive in der Politik spiegeln sich in der Konkretheit, Ordnung und Vernunft venezianischer Maler wider.

Jacob Burckhardt erzählt von einem venezianischen Kaufmann, der einem Autodafé Savonarolas beiwohnte. Er sah zu, wie eine Pyramide von Gegenständen aufgeschichtet wurde, die verbrannt werden sollten: falsches Haar und falsche Bärte, Parfums und Toilettengegenstände, Spiegel, Schachbretter, Spielkarten, Lauten und Harfen, Werke lateinischer und italienischer Dichter, darunter Petrarca und Boccaccio, und schließlich zwei Stapel Gemälde, hauptsächlich schöner Frauen. Als die Pyramide fertig war, bot er zweiundzwanzigtausend Gulden für das Ganze. Die Florentiner lehnten ab, ließen ihn auf der Stelle porträtieren und verbrannten sein Bild mit den übrigen.

Die Geschichte dürfte sich im Grunde gegen die Venezianer richten: es ließe sich argumentieren, daß jener Kaufmann keine Seele besessen habe, sondern nur ein Organ der Begierde. Aber nach Ansicht der alten Sachverständigen ist das Organ der Begierde eben das Auge. David erblickte Bathseba und begehrte sie, wie die Alten Susanna begehrten – ein beliebtes Thema der Venezianer. Wenn es einigermaßen unbegreiflich erscheint, daß ein Handelsvolk generationenlang unvergleichliche Künstler hervorbrachte, so liegt es vielleicht in diesem »Auge«, das begehrlich nach Stoffen, nach einem guten Geschäft Ausschau hält, aber so unbestechlich ist wie die Optik des Juweliers.

7

Die Venezianer erfanden die Einkommensteuer, die Statistik, die Ausgabe von Staatsaktien, die staatliche Bücherzensur, anonyme Denunziationen (die Bocca del Leone), das Spielkasino und das Ghetto. 1504 trugen sie dem Sultan die Idee eines Suezkanals vor. Sie waren aufgeschlossen für neue Erfindungen und Entdeckungen und deren praktische Anwendungsmöglichkeit. Als sie 1498 von Vasco da Gamas Reise erfuhren, der das Kap der Guten Hoffnung umschiffte, begriff die ganze Stadt augenblicklich, wie schlecht das für den Handel war: »Die schlimmste Nachricht, die wir je erleben konnten.« Das Teleskop, das 1608 in Holland erfunden wurde, war noch vor Ablauf des Jahres in Venedig bekannt. 1610 wurde es auf dem Campanile ausprobiert, und einem venezianischen Schwindler gelang es, ein gefälschtes (aus gewöhnlichem Glas) dem Herzog von Toskana anzudrehen.

Ein venezianischer Arzt, Salomon, antizipierte 1649 die biologische Kriegführung, indem er eine Pestessenz herstellte, zur Anwendung im Krieg gegen die Türken. Sie sollte im feindlichen Lager durch Kleiderstoffe verbreitet werden, die die Türken gern kauften.

»Der Vorschlag ist lobenswert«, schrieb der venezianische *provveditore* in Zara an die Staatsinquisitoren. »Er ist jedoch ... ungewöhnlich und vielleicht nach den Begriffen der öffentlichen Moral unzulässig. Aber ... im Fall der Türken, Glaubensfeinde und natürliche Betrüger, die stets Eure Exzellenzen verraten haben, sollten meiner bescheidenen Meinung nach normale Bedenken keine Rolle spielen.« Die Zehn interessierten sich für das Projekt und steckten, um sich das Monopol auf den Arzt und seine Pestessenz zu sichern, alle beide ins Gefängnis. Es scheint, daß die Erfindung dann wohl doch nicht angewandt wurde, möglicherweise, weil die Bazillen abgestorben waren – ein Urteil, das auf dem Inhalt des Giftschranks im Dogenpalast beruht, als er im achtzehnten Jahrhundert überprüft wurde. Die Zehn hatten stets ein offenes Ohr für einfallsreiche Leute mit einem todsicheren System, sei es ein Mörder, der sich erbot, für hundertfünfzig Dukaten den König von Spanien zu töten, oder ein Urkundenfälscher, der garantierte, daß er in allen Sprachen fälschen könne ...

Die *altane* oder Dachterrassen, die jetzt hauptsächlich zum Wäschetrocknen benutzt werden, waren eine venezianische Erfindung auf dem Gebiet der Schönheitspflege. Die venezianischen Damen pflegten ihr Haar mit einer chemischen Lösung zu tränken und sich auf ihre eigens zu diesem Zweck gebauten *altane* zu setzen, in Hüten, die nur aus einer Krempe bestanden, über welche das Haar zum Bleichen in der Sonne gebreitet wurde. Daher die goldenen Flechten in der venezianischen Malerei. Etwas von dieser Bleiche scheint heute noch im venezianischen Wasser nachgeblieben zu sein, denn obwohl die Venezianer heute nicht durchweg blond sind, so sind sie auch nicht brünett, sondern haben dunkles Haar, das mit hellen Lichtern durchsetzt ist. Auch die helle Haut haben sie behalten, die von den breiten Krempen ihrer Hüte sorgsam geschützt wurde.

In den Glaswerken von Murano entwickelten die Venezianer als erste den Glasspiegel als Handelsobjekt. Auf diese Kunst hatten sie während der Renaissance über hundert Jahre lang ein Monopol. Jeder Spiegelmacher, der sie im Ausland ausübte, konnte mit der Verhaftung seiner nächsten Angehörigen rechnen, und venezianische Agenten waren beauftragt, ihn auf Anhieb zu töten. Noch im siebzehnten Jahrhundert benutzte Colbert, der Minister Ludwigs XIV., Gift und Frauen, um gewisse venezianische Spiegelmacher in Frankreich festzuhalten, und bei seinem Tode fand sich in seinem Nachlaß eine venezianischer Spiegel, 96×66 Zentimeter groß, der dreimal so hoch wie ein Raffael bewertet wurde.

Die *zoccoli,* eine bizarre Fußbekleidung in Form eines kothurnartigen Pantoffels, wurden in Venedig herausgebracht. Ursprünglich dazu erfunden, die Füße vor dem Schmutz der Straße zu schützen, wurden sie wegen der Höhe, in die sie die Mode hinauftrieb, zu einem der Wunder Venedigs. Ein Paar, das im Museum Correr steht, ist einen halben Meter hoch. Die Frauen, die sie trugen, schienen auf brokatbezogenen und edelsteinbesetzten Stelzen zu schreiten. Man glaubt, daß sie im späten Mittelalter und der frühen Renaissance zur häuslichen Tugend beigetragen haben, da eine Dame nicht ausgehen konnte, ohne von zwei Dienerinnen gestützt zu werden. Gewöhnliche Schuhe wären zweifellos bequemer gewesen, bestätigte ein Doge in einem Gespräch mit dem französischen Botschafter. »Jawohl, viel, viel zu bequem«, warf einer seiner Ratgeber ein. So wurde in Venedig sogar die Mode einem praktischen Zweck dienstbar gemacht. Ferner vermutet man, daß die *zoccoli* von den Venezianerinnen getragen wurden, um die Kleinheit ihrer Statur zu verbergen. »Die ganze Piazza San Marco wimmelt von Zwerginnen, die sich in Riesinnen verwandelt haben«, schrieb ein Italiener des Festlands.

Aber Venedigs großartigste Erfindung – die Erfindung des Staffeleibilds – war ausschließlich für das Vergnügen gedacht. Bis zu Giorgione war die Malerei zweckbedingt; sie diente der Verherrlichung Gottes und der Heiligen, der Verherrlichung des Staates (im Historienbild) und des Individuums (im Porträt). Giorgione war der erste, der Bilder schuf, die nur dazu da waren, Vergnügen zu bereiten – schöne Stimmungen hervorzurufen, wie Berenson sagt. Es gab Bilder für den Privatmann und für das Haus, beides neue Begriffe, die auf einer neuen Voraussetzung beruhten: dem Vorhandensein von Muße.

Muße war das *sine qua non* der Hochrenaissance. Nachdem der Feudaladel seine kriegerische Funktion verloren hatte, suchte er in ganz Europa seine Zerstreuung in kultivierten Beschäftigungen: dem Sonetteschmieden, dem Lautenspiel, in Gesellschaftsspielen und Akrostichons, Reisen, Studien, Sportarten, die sich für einen Kavalier ziemten, wie Jagd und Falkenbeize, die als Künste bewertet wurden. Venedig besaß keinen Feudaladel, auch keinen Hof, wie Mantua und Ferrara, wo sich das Ideal der Renaissance in Mustern fixierte, die von der ganzen Welt kopiert wurden. Aber der Niedergang des venezianischen Handels, der auf die Entdeckung der neuen Handelsrouten folgte, zeitigte die gleichen Ergebnisse wie der Zusammenbruch des Feudalismus. Die venezianischen Kaufleute zogen ihr Kapital aus ihren Lagerhäusern und investierten es im Bankgeschäft und Grundbesitz auf dem Festland. Aus den venezianischen Palazzi wurden ausschließlich Herrschaftshäuser, die mit ihrer prunkvollen Einrichtung imponieren wollten. Die Gewürzstapel und Stoffballen, die einst die Vorhallen füllten, verschwanden, und die Patriziereigentümer begannen, sich jene angenehmen ländlichen »Ruhesitze« zu bauen, die bezaubernden weißgoldnen Villen des Venetos, mit den langgestreckten Seitenflügeln und Balkonen, ihren sorgfältig geplanten Durchblicken, die funktionale Idee der Untätigkeit verkörpernd, wo man lange, planlose Tage mit gewählten Gesprächen im Kreis Gleichgesinnter verbrachte. Aber sogar dort noch bewährte sich der venezianische Sinn für das Praktische. Man hat die Palladio-Villen gehobene Gutshäuser genannt; die säulenbestandenen

Seitenflügel enthielten oft Büros und Kornspeicher, und der *piano nobile* (das herrschaftliche Stockwerk) lag häufig über den Speicherräumen, genau wie seinerzeit über den Lagerräumen der Palazzi am Canal Grande.

Nichtsdestoweniger wurde Giorgione in das Zeitalter des Amateurs hineingeboren, und seine Staffeleibilder entsprachen nicht nur dem Kunstverständnis und der Sammlerliebe, die zur Berufung des Amateurs gehören, sondern sie schildern auch erstmalig eine Welt reiner Muße: die grüne, verträumte Welt des »Concert Champêtre«, oder die schlafende Dresdener »Venus« auf ihrem roten Pfühl und dem elfenbeinweißen Atlasüberwurf.

Giorgiones träumende, sinnliche Natur hat die Zeit so intensiv widergespiegelt, daß die Legende aus ihm einen Edelmann gemacht hat – dem illegitimen Sohn eines Patriziers aus Venezien, der ihn in Castelfranco mit einer Bäuerin zeugte. Es gibt nur wenige unbestrittene Giorgiones, und das trägt zu der Vorstellung eines begabten, »begnadeten« Amateurs bei. Er ist, wie Shakespeare, eine rätselhafte Gestalt, der gerade deswegen zu faszinieren scheint, weil fast nichts über ihn bekannt ist. Mit Sicherheit weiß man nur, daß er in Giovanni Bellinis Werkstatt mit dem jungen Tizian studierte, daß er Arbeiten für den Dogenpalast machte, die heute verloren sind, Fresken für die Fondaco dei Tedeschi malte, die die Zeit fast ausgelöscht hat, und im Alter von zweiunddreißig Jahren (an der Pest, wie man annimmt) starb. Der Überlieferung nach spielte er lieblich die Laute und war häufig zu Gast auf der zinnenbewehrten Burg der Königin von Zypern in Asolo, wo die Novizen der Liebe – wie Kardinal Bembo sie nennt, der als Jüngling einer der ihren war – unter den Lorbeerbäumen und rebenbewachsenen Pergolen beim Klang der Laute und Viole über platonische Liebe sprachen.

Platonische Liebe! Caterina Cornaro, auf ihren Porträts

eine untersetzte kleine Dame mit Hamsterbacken, war das bemitleidenswerte Opfer einer Anzahl Schwindelmanöver. Nachdem die Republik sie so weit eingeschüchtert hatte, daß sie die bedeutungslose Krone Zyperns, die die Republik ihr aufgezwungen hatte, zurückgab, wurde sie eingeladen (d. h. gezwungen), sich auf die Burg auf dem Hügel unter dem nichtssagenden Titel »Die Herrin von Asolo« zurückzuziehen, mit einem Hofstaat von achtzig Dienern und zwölf Ehrendamen. Ihr wurde eine Lieblingsnegerin bewilligt, die für ihre Papageien, ihren Zwerg und Hofnarren, ihre Hunde, Affen und Pfauen sorgte. Die überhitzte Atmosphäre dieses Pseudohofs (mehr Veronese als Giorgione) vibrierte nach Bembos Beschreibung von einer tödlichen Langeweile, der Langeweile einer arbeitslosen Königin und eines Hofstaats, die zu rastloser Zerstreuung verurteilt sind. Es ist dieselbe gläserne Langeweile, die wie der Duft abgestandener Kosmetika von dem Altan der »Kurtisanen« ausgeht, die gleichfalls ihren Mohren und ihre Tiermenagerie hatten.

Die platonisierenden Herren und Mädchen, die Madrigale sangen, hatten nichts Besseres zu tun. In der chronischen Muße des Renaissanceadels – die einfach Massenarbeitslosigkeit war – taucht eine neue Schwermut auf. Sie durchdringt Giorgiones Gemälde wie ein Hauch der Unrast, der nicht die Kraft hat, das Laub der Bäume zu bewegen. Giorgiones Bilder waren voller »Stimmung«, doch würde ich nicht behaupten, daß sie eine »schöne« Stimmung schufen; mir erscheinen sie eher beunruhigend und quälend. Es ist die absolute Erstarrung seiner Szenen, die diesen seltsamen Eindruck erweckt.

Viele sehen in Giorgione etwas rätselhaft Hintergründiges, und eine Gruppe von Kritikern behauptet neuerdings, daß sein Werk eine verschlüsselte Botschaft enthält, die nur für einen geschlossenen Kreis von Eingeweihten bestimmt war. Aber eine einzige Botschaft hat Giorgione in Worten hingeschrieben und sie in die Hand der alten Frau, »La Vecchia«, gelegt: zwei Wörter, »Col Tempo« (mit der Zeit). Das wird gewöhnlich als allgemeines Motto aufgefaßt, im Rahmen von *Tempus fugit* (die Zeit vergeht), oder weit stärker eine Warnung an die Jugend und Schönheit in der Stimmung von Ronsards »Quand vous serez bien vieille, au soir, à la chandelle ...« (Wenn ihr einst alt seid, abends, bei der Kerze ...) Ich empfinde, mit Berenson, daß diese alte Frau im Schal, deren Hand auf die eingefallene Brust deutet, eine Warnung darstellt, obwohl ich mich frage, ob sie an eine bestimmte Person (wie er meint) gerichtet war oder an alle. Warnungen müssen wohl in der Luft gelegen haben, denn es war eine schlimme Zeit. Venedig tanzte, aber die Pest stand vor der Tür, und auf dem Festland vollzog sich der katastrophale Krieg von Cambrai. Die vor Palladio entstandenen Villen um Vicenza, die reiche Humanisten erbauten, um platonische Akademien zu behausen, wurden von französischer und deutscher Soldateska zerstört. Flüchtlinge strömten nach Venedig, mit ihnen jene Juden, die bald in das Ghetto gesperrt wurden. Der Krieg bedeutete Mangel an Lebensmitteln, und auf den Straßen schrien die Kinder nach Brot. Alle Beobachter verzeichneten die venezianische Gleichgültigkeit gegenüber jenen schrecklichen Ereignissen. Damals erwarb Venedig sich den Namen, den Byron ihm später verlieh: »Das Festgelage der Erde, die Maske Italiens.« Der Karneval nahm seinen Fortgang; man rief nach feurigerer Musik, nach stärkerem Wein. Aber die Greisin wartete mit ihrer Botschaft in der Hand.

Gewiß ist das zu phantastisch, aber alle Theorien über Giorgione, wie Theorien über Shakespeare, geraten zwischen zwei Stühle – phantasieren oder entschlüsseln.

In den meisten der Bilder Giorgiones jedoch vergeht die Zeit nicht. Ganz im Gegenteil: sie scheint für einen Augenblick auf ewig stillzustehen, in der Castelfranco-»Madonna«, in »La Tempestà«, in dem »Tramonto«, in der »Laura«, in den »Drei Philosophen«, und in der »Vecchia« selbst – eigentlich in allen Bildern, die fast unbestritten als Giorgiones gelten. Aber dieses betäubende Gefühl stillstehender Zeit ist eben ein Symptom des Müßigangs, der halb unbegründeten Langeweile, die durch endlose Nachmittage in Landhäusern entsteht, wo Spiele oder Musik vorgeschlagen werden, »um die Zeit zu vertreiben«.

Der Stillstand der Zeit hat bei Giorgione zum Teil idyllischen Charakter. Aber das Idyll ist geladen mit Vorahnung, einem anderen Symptom für *accidia.* In »La Tempestà«, das früher »Soldat und Zigeunerin« hieß, drückt sich diese Vorahnung in dem unheimlichen Licht und der drohenden Stille aus, die einem Unwetter vorausgehen, wenn die Elemente sekundenlang zu verharren scheinen, als wollten sie Kräfte sammeln. Über den grünlichen Himmel zuckt ein gezackter Blitz, während im Vordergrund trügerisches Sonnenlicht eine friedliche Szene beleuchtet. Der rotbefrackte, jünglingshafte Soldat in der Hab-acht-Stellung eines Herolds, die nackte Zigeunerin, das säugende Kind, das grüne Wasser des Flusses unter der hölzernen Brücke sind alle volkommen ruhig, als ahnten sie nichts von den Gewalten, die im Begriff sind, über sie hereinzubrechen.

Etwas Furchtbares steht bevor – diese Ahnung vermittelt das Bild und heftet den Beschauer an den Boden, wie auch die seltsame Gruppe angewurzelt in der Landschaft steht. Aber das ist das Sonderbarste: Sie sind gar nicht angewurzelt, sondern scheinen nur zufällig dorthin gestellt zu sein. »Wer sind sie?« »Was tun sie dort?« Die landläufige Schule der Kunstkritik lehnte solche Fragen ab; man soll diese bestürzende Szene nur vom malerischen Standpunkt aus betrachten. Aber ein Giorgione ist stets *beunruhigend.* Der Mann und die Frau sind ein merkwürdiges Paar, und ein großer Abstand ist zwischen ihnen. Ist er ihr Verräter, oder wurde er ausgesandt, sie zu beschützen? Wogegen? Sein schönes Profil verrät nichts; er ist gleichsam nur Pose, Attitüde. Aber die Augen der Frau ruhen unverwandt wie anklagend auf dem Beschauer; ihr gedunsener Leib und das säugende Kind schlagen eine düstere Note der Wirklichkeit in dem phantastischen Rahmen an.

Das Bild hat etwas Bösartiges. »Das ist dein Werk«, scheint der Körper, der unverwandte Blick zu sagen. Wem? Dem Beschauer? Dem Soldaten? Die Ahnung scheidet sich von dem Unwetter, das von oben droht, und verbindet sich in einer geheimnisvollen Umkehrung mit der Vergangenheit: etwas Furchtbares *ist* geschehen und für immer festgehalten – das ist die zweite Deutung, die sich einem aufdrängt.

Eine unendliche Zeit, und doch ist noch keine Minute vergangen, nur der Bruchteil einer Sekunde, den ein Blitz braucht, um über den Himmel zu zucken.

Der Basiliskenblick der Zigeuerin steigert sich noch in den Augen der »Vecchia«, die einen eigentümlich klar und herausfordernd anstarrt. Sie trägt einen weißen Fransenschal über dem formlosen rosa Kleid, unter dem ein Stückchen Hemd hervorschaut. Ihre Kleidung ist nichts als Hülle für ihren schlaffen, geschlechtslosen Körper; unter der Mütze hängt eine graue Haarsträhne an der braunen Wange herunter. Hier, wie bei der Zigeunerin, hat die Wirklichkeit den Charakter unversöhnlicher Feindseligkeit.

In allen Bildern Giorgiones besteht zwischen Sujet und Beschauer eine suggestive Beziehung. Das liegt zum Teil an dem Bann, der über der Szene liegt, zum Teil an dem starren Blick der Porträtierten. Kein Maler übt einen so magischen Bann aus wie Giorgione. Die reglose Stille beunruhigt. *Wir* dringen in die Tiefen einer Rembrandt-Greisin ein, während *La Vecchia* uns durchdringt. Selbst in seinen friedlichsten, klassischen Bildern, der Castelfranco-Madonna und den »Drei

Philosophen« (wo in beiden Fällen der Blick der Hauptfiguren vom Beschauer abgewandt ist), ruft die sonderbare Anordnung der Figuren eine gewisse Beunruhigung oder Verwunderung hervor. Das Gefühl, daß die Zeit stillsteht, regt zum Fragen an. »Was geht hier vor?« will man von den »Drei Philosophen« wissen oder von den winzigen Rittergestalten auf dem Rasen, hinter dem Gewand der Muttergottes in der Castelfranco-Madonna. Solche Fragen würden einem bei einer ähnlichen Gruppe in einem Giovanni Bellini nie in den Sinn kommen. Bei Bellini wäre alles ganz klar und selbstverständlich: Der Ritter reitet, der Einsiedler fastet, und der Bauer führt seine Ochsen nach Hause, weil das ihre Aufgabe ist. Die Welt Bellinis geht sanft ihren Weg nach naturgewollten Rhythmen, während die Welt Giorgiones stillsteht und einen Schwall von Fragen hinterläßt.

Wenn es stimmt, daß Giorgione Musik liebte und dafür begabt war (wie so viele Venezianer), mag das vielleicht das verwirrende Vorhandensein einer Zeitdimension in seinen Bildern erklären. Bilder wie die Castelfranco-Madonna, die einer getragenen Motette ähneln, und der »Tramonto« besitzen eine eigentümliche Resonanz, wie die eines Streichinstruments, das, nachdem der letzte Ton gezupft worden ist, noch weiter vibriert. Giorgiones Zeitgenossen und die unmittelbar darauf folgenden Generationen fanden nichts Rätselhaftes an seinem Werk. Isabella d'Este, die Marchesa von Mantua, schrieb, sobald sie von Giorgiones Tod erfuhr, nach Venedig und fragte an, ob sie eine »nächtliche Szene, *molto bella e singolare«* erwerben könne. Man glaubt, daß es sich dabei um *La Tempestà* handelt, und *singolare* bedeutet aller Wahrscheinlichkeit nach selten, ungewöhnlich, außerordentlich. Vasari, der erste Fachmann, spricht nur von der Schönheit und Naturgetreuheit Giorgiones. Das neunzehnte Jahrhundert sah in ihm die Schwermut alles Vergänglichen, noch immer eine schöne Stimmung. Das Rätselhafte an Giorgione ist langsam offenbar geworden, wie eine Geheimschrift, die man über die Flamme hält. Aber selbst heute sprechen führende Kunstkritiker von der »tiefen Menschlichkeit« der »Vecchia«, als wäre sie ein Rembrandt. Diese funkelnde zahnlose Alte ist seelenlos, wie fast alle Personen Giorgiones. Bei aller Schönheit und suggestivem Zauber (und sie sind keineswegs alle schön, manche faszinieren, wie beispielsweise »Laura«, durch ihre Häßlichkeit) sind sie Sterbliche, die ihre Seele an die Geisterwelt verloren haben und zu ewigem Leben verdammt sind.

Veronese gilt allgemein als der Maler »venezianischer Lebensfreude«. Die großen Bankettszenen und die klassischen Mythen und Apotheosen bekräftigen diese Ansicht, selbst wenn sie konventionell sind oder wenn die Lebensfreude einigermaßen derb und ungeschlacht scheint, wie in den dikken, gedunsenen, schlauen Gesichtern der Feiernden in dem »Gastmahl im Hause des Levi«. Veroneses Kirche San Sebastiano, die ausschließlich von ihm ausgemalt ist, ist allerdings eine lebensfrohe Kirche mit ihren gedrehten, vorgetäuschten Säulen, ihren blendenden Perspektiveeffekten, ihren gemalten Orgeltüren und luftigen blau-weißen Tönen. Es ist eine Kirche voller Licht und Musik; man erwartet, daß die Orgeltüren auffliegen und ein *Jubilate* erschallt.

In dem Dogenpalast und der Accademia sind die Veronese-Figuren im Verein mit vielen anderen Unsterblichen gierig, vital und sinnlich, was die Leute als heidnisch bezeichnen. In der Tat, der erste Eindruck ist der einer randalierenden Menge vulgärer Parvenüs, die sich einer Reihe klassischer Paläste bemächtigt haben und die siegestrunken in den Himmel eindringen, wo sie, gleichsam eine Pyramide bildend, auf schwellende Wolken gehißt werden. Es ist grandios, überladen und schauderhaft.

Aber Veronese hat zwei verschiedene Bereiche. In dem einen dominiert eine dicke Frau, die an die Kaiserin Maria Theresia erinnert. In dem anderen eine junge Person mit einem zarten, nachdenklichen Gesicht und einem gespannten, wartenden, lauschenden Ausdruck. Die erste findet man in dem »Triumph Venedigs«, im Dogenpalast; die zweite in der Accademia, in »Venedig mit Herkules und Ceres«. Diese beiden Frauen erscheinen immer wieder in den Bildern Veroneses, in Venedig, in Venezien, in allen großen Sammlungen der Welt, manchmal als Venus, manchmal als Europa, manchmal als heilige Katharina, manchmal als allegorische Figur, als Fleiß, Fülle und Harmonie. Aber wie auch immer sie offiziell heißen mögen – diese beiden Monarchinnen – die dickwangige Kaiserin und die holde, sinnende, junge Königin – sind immer die zwei verschiedenen Aspekte von Venedig.

Der erste, beherrscht von der strammen, prächtig aufgeputzten Kaiserin, ist das Venedig prächtiger Volksbelustigung – Wasserfestspiele und Frauenregatten, phantastische Kähne, der Bucintoro, allegorische Darstellungen, kirschroter Samt und himmelblaue Seide. Das ist das Venedig, das Heinrich III. bei seinem berühmten Besuch 1574 empfing, als Veronese auf der Höhe seiner Macht stand. Triumphbögen, von Palladio entworfen und von Tintoretto bemalt, wurden wie für eine Weltausstellung errichtet. Der König wohnte in der Ca'Foscari (heute Sitz der Universität) auf dem Canal Grande; sie war eigens für ihn geschmückt worden, mit goldgewirktem Tuch, Tapisserien, einem großen Kamin aus kostbarem Marmor, einem schwarzen Marmortisch mit grüner Samtdecke, einer Plafondverkleidung aus blauem, mit Sternen benähtem Tuch und Bettüchern, die mit Goldfäden und kirschroter Seide bestickt waren. An den Wänden hingen Gemälde von Giovanni Bellini, Tizian, Paris Bordone, Tintoretto und Veronese. Das Schlafzimmer des Königs war mit gold-grünen Brokaten, einem vergoldeten Bett mit kirschroten Seidengardinen und einem Alabastertisch ausgestattet. Ihm zu Ehren gab es ein Bankett im Saal des Großen Rats, mit dreitausend Geladenen, und ein zweites Bankett im gleichen Raum, bei dem Messer, Gabel, Brot, Tischtücher und Servietten sämtlich aus Zucker bestanden, und die Dekorationen in Form von Papststatuen, Königen, Hunden, Göttern, Künsten, Tugenden, Planeten, Tieren, Blumen, Früchten und Bäumen ebenfalls aus Zucker gemacht waren, nach Entwürfen von Sansovino und ausgeführt von einem Drogisten.

Horatio Brown zufolge »hat der König es nie vergessen, noch sich je davon erholt. Sein Leben danach war ein langer, wüster Traum«. Der Traum des Königs (ein verlängerter Alptraum, der auf eine Reihe von reichen Banketten und zweifellos anderen, nicht berichteten fleischlichen Ausschweifungen folgte) hatte auch für die Venezianer sein Nachspiel: ein von Schwermut gefärbtes Erwachen in dem klaren Morgenlicht der Lagunen. Das Erwachen wird von Veronese ebenfalls registriert. Das ist das zweite Venedig, das Venedig der jungen Königin mit der reinen, offenen Stirn, leicht gefurcht, als liefe ein Schatten darüber hin. Manchmal vertieft sich der Schatten, wie auf den Bildern »Fleiß« oder der »Harmonie« in der Villa Maser. Manchmal ist das Antlitz des Mädchens halb abgewandt, und sie scheint sinnend auf einen eben vernommenen Laut zu lauschen und seiner Bedeutung nachzuhängen. Manchmal verwandelt sie sich in eine gefesselte Furie, wie in »Laster in Ketten vor der Tugend«, ebenfalls in der Villa Maser. Aber wo immer dieses junge Mädchen auftaucht, mit ihrer schlichten Haartracht und ihrem schlanken, kettengeschmückten Hals, wird ein Streben nach Ausdruck sichtbar.

Ein Nachklang von ihr findet sich noch in Tiepolos »Venedigs Vermählung mit Neptun« im Dogenpalast.

Aber wenn es bei Veronese zweierlei Königinnen gibt, so

gibt es auch zweierlei Höflinge: der eine feist und weltlich, gedunsen und schwankend; der andere ernst, nachdenklich, mit dunklem, gelocktem Haar, Spitzbart und Halskrause – der Ratgeber des jungen Mädchens, weiser und trauriger als sie. Ein solcher Herr ist der Jäger mit Hund und Jagdausrüstung, der das Schlafzimmer der Villa Maser betritt. Dort, in dem säulenumstandenen Lustschloß, von Palladio entworfen und in der anmutigen Hügellandschaft bei Asolo errichtet, findet sich die vollste Entfaltung des »anderen« Veronese, an Hand einer Reihe von unvergleichlichen, unvergeßlichen Fresken.

Angeblich verkörpern sie die »Lebensfreude« der begüterten Landedelleute, in diesem Fall die Barbaro-Familie, einem erlesenen venezianischen Geschlecht. Für mich aber sind sie unendlich traurig, beinah verzweifelt traurig. Der junge Jäger, in *trompe l'œil*-Manier, der mit seinem Hund und seinen hübschen Accessoires sein Schlafzimmer betritt, hat einen so seelenvollen, so bewegten Ausdruck, daß seine glänzenden, sinnenden Augen voller Tränen scheinen. Als Abschluß einer langen Reihe ineinandergehender, freskenbemalter Zimmer am anderen Ende des Hauses steht seine Frau, in *trompe-l'œil*-Manier, ihm in ihrer Schlafzimmertür gegenüber. Aber die Entfernung ist zu groß; die nichtssagende, hübsche Person scheint die Schwermut ihres Mannes gar nicht wahrzunehmen.

Man nimmt allgemein an, daß die Zusammenarbeit zwischen Palladio und Veronese dessen Entwicklung stark beeinflußt und sein unerhörtes Raumgefühl um eine architektonische Dimension vermehrt hat. In Maser treiben Fresken und Architektur ihr Spiel miteinander. Das *trompe l'œil* imitiert architektonische Elemente; verblüffende, lebensgroße Zwerge öffnen Türen, die Attrappen sind; die langen Balkone, die an der Palastfassade fehlen, werden im Inneren als

Fresken nachgeliefert. Der aufgemalte Balkon (den Veronese stets besonders schätzt wegen der Flächen, die seine Ränge bieten) hat in Maser einen einzigartigen Zweck. Die Dame des Hauses, Signora Barbara in blausilbernem Kleid, und die alte Amme sind auf einem Balkon dargestellt, der in einen achteckigen Raum hinunterblickt, eine effektvolle Umkehrung, denn in Wirklichkeit würden sie hinaussehen, auf den langen breiten Weg mit seinen niedrigen, von Statuen gekrönten Mauern, bis zu der Straße und den angrenzenden, wohlgeordneten Feldern. Dieser nach außen gerichtete Blick, wie von Menschen, die Freunde erwarten, in das Innere eines Raumes gekehrt, vermittelt eine eigentümliche Intensität, die für Veronese charakteristisch ist. Gegenüber von diesem Balkon befindet sich ein zweiter, auf welchem zwei Jünglinge dargestellt sind, der eine, wie Hamlet, mit einem Buch in der Hand, der andere mit einem Vogel. Auch sie sind gespannt und präokkupiert und wissen nichts von den beiden Frauen, die sie von der gegenüberliegenden Balustrade beobachten. Die lebendige, lebensnahe Darstellung wirkt in dem kleinen Raum unendlich traurig. Es ist die Kulisse eines Hauses in einem wirkliche Hause – ein Einfall, der witzig, verspielt wie ein Spiegeltrick anmutet, aber zu perfekt ist, um amüsant zu sein, wie gewisse Spiele, in welche Kinder sich so hineinsteigern, daß sie zu weinen anfangen.

Zwischen den *trompe l'œil*-Figuren sind Mythen und Allegorien in schönen blassen Freskenfarben, gelegentlich durch ein blattgrünes Band aufgehellt, auf Wände und Decken gemalt. Aber das sind nicht die üblichen heidnischen Wanddekorationen. Die Olympier benehmen sich nicht laut und ausgelassen. Sie sind mit irgendeiner schwerwiegenden Aufgabe beschäftigt, die ihre gesamte Aufmerksamkeit verlangt. Die ernsten jungen Frauen furchen die Stirn, wie Tänzer oder Musiker, die sich auf eine schwierige Vorstellung konzentrieren. Die einen sehen einander an; andere starren geradeaus; hin und wieder blitzt unter einer diademgeschmückten Stirn ein wilder, unheilvoller Blick in den Salon hinunter.

Dieses Haus ist voller Augen; das macht einen seltsamen Eindruck. Es ist sehr anders als bei Giorgione. Diese Gestalten sind nicht nur imstande, zu beobachten, sondern auch zu fühlen und zu leiden. Idyllisch oder arkadisch ist Maser gewiß nicht. Aber es ist schön und ergreifend. Die toten Figuren an den Wänden wirken erschreckend lebendig. Es ist eine Art animalisches Leben, rasch reagierend und witternd, die feiner geartete Seite der Animalität, die in den rohen Genießern der Gastmähler dargestellt wird. Die Verbindung von Nachdenklichkeit und animalischer Vitalität – das tragische Paradox der Renaissance –, das ist der Grund, warum für mich Veronese in Maser und seither überall der größte venezianische Maler ist. Das war schließlich auch Ruskins Ansicht, obwohl er sie anders begründete.

Es sind die ewigen Venezianer, die die Balkone Veroneses bevölkern, ein lebhaftes, aber nicht unbedingt strahlendes Volk. Interessiert, aufmerksam, höflich, etwas traurig – so sind sie heute, und so waren sie, glaube ich, im ganzen gesehen auch zur Zeit Veroneses. Er war der einzige Künstler des Goldenen Zeitalters, der sie als Ganzes darstellte, und seine Szenen haben eine auffallende Ähnlichkeit mit der elisabethanischen Bühne: Derbheit und Zartheit; Falstaff auf der einen Seite, Hamlet auf der anderen; Julia und die Amme.

8

Tizians letztes Bild, das Palma Vecchio vollendete, ist die *pietà* in der Accademia. Der Mitschüler Giorgiones war nach herkömmlichem Glauben damals neunundneunzig, was heute von den Fachgelehrten bezweifelt wird, welche die Zahl auf einundneunzig oder sechsundachtzig herunterschrauben. Der Hintergrund des Gemäldes, das im Schatten des Grabes entstand, ist angemessenerweise eine Gruft. Zur Zeit, da er das Bild begann, herrschte wieder die Pest in Venedig, in Tizians eigenem Haus. Im folgenden Jahr fing Palladio mit dem Bau der rosa Kirche des Redentore an der Giudecca an, eine der fünf Pestkirchen Venedigs, die zu fünf verschiedenen Anlässen errichtet wurden, als Danksagung für die Errettung von der Seuche. Eine (gewiß begreifliche) Vorahnung seines Todes muß wohl Tizian überkommen haben, denn er bestimmte die *pietà* für seine eigene Gruft in Frari. Die Pest raffte ihn dahin, noch ehe er sie vollendete, 1576, sechsundsechzig Jahre nachdem sie Giorgione in Castelfranco ereilt hatte. Der heilige Sarkophag in dem Gemälde ist eine üppig verzierte Renaissance-Nische, die von neoklassischen Säulenfüßen und Löwen gerahmt ist. Ein Sinnbild des Phönix ist über das Grab gestellt, das Christi Leichnam aufnehmen wird. Ein Engel (der wie ein Amor aussieht) steigt mit einer Fackel herab. In der Ecke ist eine weitere *pietà* zu sehen – ein Bild im Bilde. Kurz, das Beiwerk ist konventionelle Renaissance. Dennoch strahlt es etwas leidenschaftlich Tragisches aus. Die Muttergottes in braunem Schleier und blauem Mantel bildet einen kalten, strengen Gegensatz zu Tizians warmen Fleischtönen. Eine Magdalena, in grünem Gewand, wendet sich mit erhobenem Arm von der Grabszene ab und steht dem Beschauer wie ein rächender Engel mit einem Ausdruck von *terribilità* gegenüber. Das ist ein gellender Schrei des Entsetzens, der grausige Höhepunkt jener Stimmung in der venezianischen Malerei, die mit der doppeldeutigen Idylle Giorgiones begann. Weil er sich am Ende einer langen bequemen Laufbahn weltlichen Erfolgs und internationalen Ruhms einstellt, wirkt die verstörte Magdalena wie eine Gorgo oder wie die Erinnyen, die vor der Tür des Greises heulen. Solche plötzlichen Gegenüberstellungen (die vielleicht bei der Torcello-Madonna beginnen) oder solche Forderungen, die gleichsam nach Abrechnung oder nach einem letzten Sinn verlangen, verschwinden mit dem Tod Veroneses endgültig aus der venezianischen Malerei.

Tizian war ein Mann von weltweitem Ansehen, der Liebling des Papstes und des Kaisers Karl V. Es ist daher logisch, daß nur Fragmente seines Werks in Venedig, dem Feind der Kurie und der spanischen Macht, verblieben. Es gibt wirklich nur wenig von ihm und auch das nicht von erster Qualität: eine »Venus« in der Ca'd'Oro, »Mariä Tempelgang« in der Accademia, die Frari-Himmelfahrt und »Madonna mit der Familie der Pesaro«, ein Kopf des heiligen Markus in der Salute-Sakristei, das unvollendete Gemälde im Dogenpalast, eine »Verkündigung« in der Scuola di San Rocco, ein heiliger Laurentius in dem merkwürdigen *trompe l'œil* der Gesuiti, wo die venezianische Vorliebe für üppige Stoffe und optische Täuschungen von den Jesuitenpatern auf eine seltsame Spitze getrieben wurden und das gesamte Innere, bis zu einem vorgetäuschten Teppich hinunter, mit einer Brokatimitation aus Marmor bedeckt ist. Wiederum erscheint es logisch, daß die Jesuiten, selber Lieblinge des Kaisers und den Venezianern ein Greuel, einen der wenigen Tizians in Venedig besitzen. Noch dazu ist die Frari-»Verkündigung«, obwohl sie den Franziskanern gehört, ganz nach dem Geschmack der Jesuiten. Ruskin verabscheute sie, mit Recht, finde ich; mit seinen lauten roten und blauen Tönen scheint es mir das erste Exemplar jener religiösen Propagandakunst zu sein, womit die Jesuiten der Masse den Glauben »verkauften«.

Wenn man Tizian in Venedig sieht, so beurteilt man ihn ungerecht – die großen Tizians hängen im Prado, in Neapel und im Louvre –, aber fast kein Besucher ist dagegen gefeit. Die alten Rivalitäten unter den venezianischen Malern des Goldenen Zeitalters flammen in den Kirchen, *scuole* und Museen von neuem auf. Tintoretto wird Tizian vorgezogen; Tizian und sein erpresserischer Freund Aretino – jener Ausbund von Eitelkeit, der sich in ganz Venedig abgebildet sah, auf Majoliken, auf den Fassaden der Palazzi, auf Kammbehältern und Spiegelornamenten – für die Verbannung Lottos verantwortlich gemacht, dessen Carmine-Altarbild von einem Schmierenschreiber und Schnorrer der Sansovino-Tizian-Aretino-Baugesellschaft, wie Berenson sie nannte, verhöhnt wurde. Man zitiert Tizians Neid auf den jungen Tintoretto, man erzählt sich, daß Tizian ihm aus Neid auf die Zeichenkunst des »Kleinen Färbers« seine Werkstatt verbot. Die Venezianer sehen auf Tizian, einen Provinzler aus Cadore, herab, aber von ihrem Standpunkt aus läßt sich begreifen, daß er in gewisser Weise die Republik verriet, mit seinen florentinischen Freunden und dem Papst und dem spanischen Kaiser.

Die meisten Besucher Venedigs verlieben sich in Tintoretto, oder »entdecken« ihn hier zum erstenmal, was auf dasselbe hinausläuft. Die Silben »Tintoretto« dürften neben »il conto« zu den in Venedig am häufigsten gesprochenen gehören. Er ist das Hauptthema der schwatzenden Gondoliere und

Kinder auf der Straße. Das Venedig der Touristen besteht aus San Marco, dem Dogenpalast, den gotischen Kirchen der Frari und S. Zanipolo, dem Rialto, dem Canal Grande, einer Fahrt mit der Gondola und Tintoretto. Kaum einer reist ab, ohne daß er zu der Scuola di San Rocco gepilgert wäre, in dem sich die »Kreuzigungs«-Serie Tintorettos befindet. Seine geisterhaften Figuren, seine umwerfenden perspektivischen Kompositionen, seine Diagonalen, sein Chiaroscuro, das wahrhaft Gigantische an ihm, machen auf den Laien einen stupenden, unvergeßlichen Eindruck, der entsetzt wäre, wenn er wüßte, daß die Fachkritik heute sein Werk abfällig beurteilt. Er ist der Maler für den literarischen Bewunderer, eine ganze Flut beschreibender Prosa wurde für ihn aufgewendet, wie um sich der Sturzflut seines Schaffens anzugleichen.

»Gewiß«, schreibt Henry James über die Kreuzigung, »enthält kein Bild auf der Welt so viel menschliches Leben; alles ist darin einbegriffen, auch unglaublichste Schönheit ... Es gibt zwar Tintoretto-Bilder von noch größerem Zauber, noch strahlenderer Schönheit, aber keines von einem so unerhörten Realismus und einer so prachtvollen Ausführung.« An einer anderen Stelle jedoch spricht er von dem »armen, glanzlosen Tintoretto«; die Bilder in der Scuola seien nachgedunkelt und verkommen, und der Durchschnittsbesucher bekäme in dem trüben Raum das Gefühl, »daß der Genius loci eine Art verrückter Anstreicher gewesen sei, der mit schlechter Tünche in dem grellen Licht des *campo* gemalt habe, unter den Bettlern, Apfelsinenverkäufern und den vorbeifahrenden Gondolas«.

Seitdem sind die Bilder gereinigt worden, man hat Licht installiert, und der Durchschnittsmensch, mich inbegriffen, reagiert mit gebührender Achtung, Tintoretto steht sicherlich tiefer als die großen Venezianer. Carpaccio, Bellini, Cima,

Giorgione, Veronese und Tizian. Er ist vielleicht das, was der Kritiker Longhi ihn nennt: »Ein Stachanovite der Scuola di San Rocco.« Aber die Kraft seines Genies ist atemberaubend. Man bewundert möglicherweise mehr die *Konzeption* eines Tintoretto als ihre Ausführung. Was er mitteilen will, das schreibt er groß, und darum reagieren wir Amateure auf die »unglaubliche« Wirkung des »Abendmahls«, der »Kreuzigung«, der »Krippe«, der »Verkündigung«. Wir begreifen sofort, was er will: die Entfesselung eines übersinnlichen Ereignisses, das in den Alltag wie ein Zyklon hereinbricht, alles durcheinanderwerfend, Tische und Geräte, so daß alles ins Gleiten geraten zu sein scheint, wie in einem Haus, das ein Sturm oder eine Überschwemmung davonträgt. Diese bedrohlichen, gleitenden Diagonalen lassen keinen Zweifel an ihrer Absicht, die zum Teil mit ihrer Kunstfertigkeit verblüffen – Tintoretto wußte sich blendend zu verkaufen –, aber auch bekehren wollen.

Die Serie der Scuola di San Rocco ist vom Geist der Bekehrung bewegt, von der Hochstimmung einer reformierten Christenheit, einer direkten Offenbarung, aus dem sehr viel später in den angelsächsischen Handelszentren die Quäker geboren wurden. Dies ist die Wahrheit des Evangeliums, scheinen die Bilder zu predigen, auf das stupsnäsige Bauernmädchen deutend, das die Verkündigung erfährt, oder auf den Stall in Bethlehem, der nach Dünger zu riechen scheint. Selbst Ruskin, der von Tintoretto hingerissen war, fand die Jünger im »Abendmahl« zu vulgär. Aber Tintoretto ging es dort nicht um Feinheit; er suchte nach einer »überzeugenden« Wirkung, wie ein Geistlicher, der seine Gemeinde nach einem wirklichkeitsnahen Beispiel absucht.

Der erste erschütternde Eindruck dieser San-Rocco-Gemälde, dem ein Blitz des Begreifens folgt, ist atemberaubend. Aber es ist unmöglich, sie alle zu erfassen. Es sind ihrer zu viele (zweiundfünfzig wichtige, nach Ruskins Zählung), und die erschütternden Eindrücke lösen sich mit einer gewissen tödlichen Regelmäßigkeit ab. Die Dynamik verliert an Wirkung, und man wendet sich den palmenbewachsenen, friedlichen Szenen zu, Maria von Ägypten, die unter einer Palme sitzt, Magdalena unter einem Lorbeerbaum, die »Flucht nach Ägypten«, der Bauernhof in der unteren Reihe der »Krippe«. In all diesen schattigen Bildern befindet sich Wasser, die dunklen Weiher und Flüsse, die Tintoretto sogar in der afrikanischen Wüste darzustellen liebte. Maria von Ägypten sitzt in der Nähe des Jordanflusses; zu einer venezianischen Heiligen ist sie übrigens doppelt qualifiziert – erstens war sie eine Kurtisane, und zweitens wurden ihre sterblichen Überreste von einem frommen Löwen beerdigt. Die Palmen, das kühle Wasser, die watenden Vögel, der Pfau, all diese exotischen Einfälle erfrischen jedenfalls den Beschauer, der in der düsteren Scuola mit ihrer flammenden Botschaft vergessen könnte, daß er in Venedig ist. Sie ist hier das einzige Gebäude, das eine klaustrophobische Wirkung ausübt.

Tintoretto hat zweifellos viel zuviel gemalt. Nach der ersten Offenbarung wird man seiner unermüdlichen Schaffenskraft und der Schar von Küstern überdrüssig, die »Tintoretto« krähen, wenn sie einen in irgendeine dunkle Kapelle oder Sakristei führen. Jeder Küster bildet sich ein, daß er mit »seinem« Tintoretto (häufiger noch mehrere Exemplare) dem Ausländer etwas Besonderes zu bieten hat; geht man achtlos an einem der Bilder vorüber, zupft er einen mit dem Ruf »Tintoretto« am Ärmel und drängt einen zur Umkehr. Es ist wie mit dem Ruf »Gondola, Gondola!«, den ich täglich auf der Canonica-Brücke vernehme, der allmählich wie ein unanständiges Angebot wirkt. Immerhin gibt es in Venedig eine Menge schöner Tintorettos mit ihrem verschlungenen Gegenspiel zarter Töne von Rosa, Blau und Violett.

Nach Tintoretto ruhte die venezianische Malerei, gleichsam erschöpft, bis zum achtzehnten Jahrhundert. Sie erwachte in dem Puppen-Venedig Canalettos und Guardis, in den Maskeraden der beiden Tiepolos, in den zarten Figuren Longhis, wie aus gesponnenem Zucker, und dem süßlicheren Genre Piazettas. Venedig war inzwischen ein »sujet« geworden und saß vielen Malern und Schriftstellern Modell: Casanova, Rousseau, Lady Mary Montagu, dem Président des Brosses, Barrès und Corvo. Als Erzählung wird das etwas ermüdend, denn in dem ewigen venezianischen Karneval passiert nie etwas, außer sogenannten Abenteuern, d. h. kurzlebigen, traumgleichen Episoden.

Bemerkenswert an dieser romantischsten aller Städte ist die Tatsache, daß sie keine Liebespaare hat, keinen Paolo und keine Francesca, keine Cenci, nicht einmal einen Petrarca und eine Laura. Die venezianischen Liebesgeschichten, die man kennt, wurden von Ausländern ersonnen: *Othello, Der Kaufmann von Venedig, Il Fuoco, Tod in Venedig, The Desire und Pursuit of The Whole.* Die echten, historischen Liebenden, deren Treffpunkte man zeigt – D'Annuncio und die Duse, George Sand und Musset, Byron und die Guiccioli –, kamen als Touristen nach Venedig. Byrons Freund, Hobhouse, schrieb ihm: »Begnügen Sie sich mit Ihren Najaden, Ihren amphibischen Wesen.« Er wollte Byron davon abhalten, der Gräfin Guiccioli nach ihrem heimatlichen Ravenna zu folgen, wo die Frauen *terra ferma* – Geschöpfe waren, die echte Anforderungen stellten und Konflikte verursachten. Seine Beschwörungen blieben erfolglos, denn Byron, Venedigs und dessen bisexuellen Möglichkeiten überdrüssig, fand eine ernsthafte, anspruchsvolle Liebe unwiderstehlich. Schon im Mittelalter grassierten in Venedig alle möglichen Abarten der Liebe. 1443 erging ein Gesetz gegen Transvestiten; jeder Mann, der in Frauenkleidern angetroffen wurde, war einer

Geldstrafe gewärtig. Dirnen zogen sich, um Männer anzulocken, Männerkleidung an. 1480 erklärte ein auf lateinisch veröffentlichter Erlaß solche Praktiken zu einer Art von Sodomie. Aber fast hundert Jahre später, nach dem Tod Tizians, wurde ein neues Gesetz erlassen, das den Kurtisanen verbot, *vestite da homo* mit der Gondola durch die Stadt zu fahren. Venedig ist in Liebesdingen stets *entgegenkommend* gewesen, hat, entsprechend dem großen Hotel, das es darstellt, für jeden Geschmack gesorgt und in allen Sprachen die »gewohnte Mischung« angepriesen. Die italienische Einrichtung des *cicisbeo* – (manchmal der Liebhaber, manchmal der Gigolo, manchmal nur der Begleiter einer verheirateten Frau) – wurde in Venedig wenn nicht erfunden, so doch vervollkommnet. Auch hier wieder der praktische Sinn der Venezianer: das Goldfischglas der Signora, das Ghetto, die Methode der Dogenwahl – ein perfektes Instrument, das an den alten Limerick erinnert: »Ob konkav, ob konvex, es paßt jedem Sex, und zu reinigen ist es ganz leicht.« Sexuelle Ausschweifung erreichte ihren Höhepunkt wahrscheinlich im achtzehnten Jahrhundert; von den Kurtisanen des sechzehnten Jahrhunderts hatte sie sich inzwischen auf verheiratete Frauen aller Klassen ausgedehnt.

Und doch fällt in allen Briefen und Tagebüchern kein Wort von Liebe oder verzweifelter Leidenschaft – nur von Galanterie. Casanova war eine echt venezianische Natur: kühl, temperamentvoll und hemmungslos. Es war keine »warme« Stadt; jene warme Seele, Jean-Jacques Rousseau, war impotent bei beiden Gelegenheiten, da venezianische Dirnen ihn in die Liebe einführen wollten. Der Mangel an Leidenschaft trägt zweifellos zu dem unwirklichen Charakter venezianischen Lebens bei, das einer schimmernden Oberfläche gleicht, wie die venezianische Musik. In den herkömmlichen Serenaden, die von fahrenden Gondolas aus ertönten, sind heute die Lieder alle neapolitanisch. Ausländer nörgeln darüber, aber die Venezianer weisen darauf hin, daß es keine venezianischen Liebeslieder gibt, sondern nur witzige Dialoge zwischen Mann und Frau.

Die Venezianer waren in musikalischen Dingen außerordentlich erfinderisch. Die Orgel wurde in Venedig entwikkelt; ein Sohn Veneziens schuf die erste Geige. In Venedig wurde das Madrigal erfunden, von einem Holländer namens Willaert. Galuppi wurde in Burano geboren; die Gabrielis, Vivaldi und Benedetto Marcello wurden in Venedig geboren. Monteverdi war jahrelang *maestro di cappella* an der Markuskirche – einem der größten Chöre Italiens, Rivale der *cappella* in Mantua und Sankt Cecilias in Rom. Monteverdi starb, wie Cimarosa, in Venedig. Die venezianische Leidenschaft für Musik wurde durch den Florentiner Sansovino in seiner Apollo-Statue auf der Loggetta versinnbildlicht. Im sechzehnten Jahrhundert besaß jede Gemeindekirche ihren Chor und ihre Orgel; in den Straßen hausierte man mit Geigen, wie heute mit Glasperlen und Taubenfutter. Sir Henry Wotton schickte einem Lord des englischen Staatsrats »ein Glasgeschirr, das ich in Murano selbst ausgesucht habe, und einige Lauten und Geigen für Ihre Musik«.

In der Tat hat Venedig den zarten, fragilen Ton einer Gabel, die man an ein Glas schlägt. Diese Musik – von Cimarosa, Galuppi, Monteverdi und Benedetto Marcello – hört man immer noch an Sommer- und Herbstabenden in Konzerten, die im Hof des hohen Ca'Pisani stattfinden, der einem Palast von Veronese gleicht, oder im Hof des Palladio-Baus San Giorgio Maggiore. Die Musik, die in den Cafés der Piazza gespielt wird, ist ziemlich dürftiger Art; die Quadir-Seite, die während der österreichischen Besatzung die österreichische Seite war, unterhält heute – weil Venedig unwandelbar ist – deutsche Touristen mit Wiener Walzern und »Ach, du lieber

Augustin«. Für die Amerikaner spielt man »Arrivederci Roma ... Good-bye, good-bye«.

Die Stadtkapelle spielt das übliche klassische Repertoire auf einem Podium auf der Piazza an mehreren Abenden der Woche im Sommer und im Herbst. Venezianischer sind die Glocken der Marangona in dem Campanile, die die Hauptzeiten des Tages läuten – Sonnenaufgang, Mittag und Mitternacht –, die Glocke des emaillierten Glockenturms, die stündlich von zwei bronzenen Riesen im Taubengeflatter geschlagen wird, die Glocken von San Francesco della Vigna, die über die Lagune Morta erschallen. Die Venezianer kennen ihre Glocken am Klang. Ihr Dialekt hat seine eigene merkwürdige Musik. Hoch und lieblich, wie Vogelgezwitscher.

Er hat den gleichen lebhaften Rhythmus wie der rasche, klappernde Schritt, auf-und-ab, auf-und-ab, den die Venezianer entwickelt haben, um zu der Form ihrer zahlreichen Brücken zu passen, die sich nur selten eben über das Wasser erstrecken, sondern gewölbt sind, mit Treppen, die hinauf- und hinunterführen. Wenn die Venezianer einem den Weg zeigen, sagen sie nicht »über die Brücke«, sondern »Giù il ponte« (die Brücke hinunter).

Im achtzehnten Jahrhundert ging man, wenn man zur Gesellschaft gehörte, in die Waisenhäuser, um die berühmten Mädchenchöre zu hören. Rousseau ging ebenfalls hin und war enttäuscht von ihrem Äußeren, das nicht so himmlisch war wie ihre Stimmen. Aus Venedig brachte er seine musikalischen Ideen nach Frankreich mit, ebenso wie er (behauptet er) die Inspiration für den *Contrat Social* in der Regierung der Republik fand.

Aber die Musik, die in der venezianischen Luft schwebt, wie die Erotik, mit der sie noch immer geladen scheint, reifte nie zu vollstimmiger Leidenschaft, sondern behielt ihre hauchfeine Virtuosität. Außer in der Malerei (der immerwährenden großen Ausnahme in dieser Stadt, die nur aus Augen besteht) gibt es keine schmetternden Akkorde in dem Leben oder der Geschichte Venedigs. Als der Campanile einstürzte, soll er sanft, wie in einer höflichen Verbeugung, umgesunken sein. Der Verfall der Republik begann 1380, nach dem Ende des Chioggia-Krieges, aber es bedurfte fünf Jahrhunderte, bis die soziale Struktur zusammenbrach, sanft wie der Campanile, der Feuer und Erdbeben überstand, dreimal vom Blitz getroffen wurde und bei seinem Einsturz 1902 am Morgen des Tages der Bastille – in Venedig ist alles Anspielung – nichts als ein Häufchen Staub war.

Die Großtaten venezianischer Geschichte waren zu Ende, als seine Kunstgeschichte begann. Der Krieg von Chioggia war fünfzehn Jahre vorbei, als Jacopo Bellini geboren wurde. Die venezianische Malerei scheint sich, wie die Figuren eines Wetterhäuschens, mit venezianischer Kriegstüchtigkeit abzulösen. Wenn der Kriegslöwe los ist, räumt die Muse das Feld. Während im siebzehnten Jahrhundert die Kunst der Republik brachlag, erweckte Francesco Morosino, genannt der Peloponneser, die Tradition militärischer Tüchtigkeit durch einige kurzfristige Siegeszüge in Griechenland zu neuem Leben. Er brachte die Löwen als Beute in das Arsenal – der letzte der Diebstähle San Marcos –, und man errichtete ihm im Dogenpalast einen Triumphbogen von fast römischer Pracht. Er war einer der wenigen venezianischen Führer, die man öffentlich feierte; eine Reihe von Zimmern in dem Correr-Museum ist seinen Heldentaten, seinen Ahnen und seiner Frau gewidmet. Aber außerhalb von Venedig beruht sein Ruhm auf der Tatsache, daß unter seinem Befehl eine Granate den Parthenon traf, den die Türken als Pulvermagazin benutzten. Und bei einem späteren Versuch, den Siegeswagen der Athene abzumontieren, um ihn als zusätzliche Beute nach

Venedig zu bringen – der Versuch mißlang –, fügt Morosino den Skulpturen noch weiteren Schaden zu. Wie Marx sagte, kehrt jedes Ereignis der Geschichte, das als Drama über die Weltbühne ging, als Farce auf die Nachwelt zurück.

In der Malerei machten die Tiepolos, Vater und Sohn, erhebliche Anstrengungen, um den *grand style* wiederaufleben zu lassen. Tiepolo war, wie Veronese, ein Dichter des Raums, aber er konnte die Welt Veroneses nicht ganz ernst nehmen, seine Wand- und Deckenfresken sind so etwas wie eine zierliche Buffo-Oper Veronesescher Sujets. Er arbeitete dort, wo Veronese gemalt hatte, in den Villen Veneziens und in den venezianischen Palästen sowie in den Kirchen Sant'Alvise, der Gesuati-Kirche, Santa Maria della Fava, und der Scalzi-Kirche, deren Decke im Ersten Weltkrieg von den Österreichern zerbombt wurde (zwei Pendants daraus hängen in der Accademia). Der herrliche Tiepolo-Himmel ist voll von Göttinnen, deren wohlgerundete Beine und Füße verführerisch aus den Wolken hängen. Aber er ist zugleich Schauplatz zahlreicher grotesker Aufzüge, als ob der Himmel die Regatten auf dem Canal Grande in einer gewissen Verzerrung widerspiegelte. Gebauschte kirschrote Banner, wehender gelber Taft, korinthische Säulen, Löwen, geborstene Sockel, Leitern, Speere, Trompeten, Indianer im Federkopfputz – der Festzug Tiepolos ist ein halb barbarischer Siegeszug, der sich freischwebend abspielt. Sein Genie legt es darauf an, die Himmelswagen möglichst schwer und überfüllt darzustellen und zugleich den Eindruck zu vermitteln, sie seien leichter als die Luft, wobei er sie häufig mit militärischen Geräten, sogar mit Sturmböcken, belädt. Die Erzeugung dieser reizvollen Illusion gelingt ihm aufs beste. Aber eine gewisse Reaktion gegen die Scharadenmalerei der »Verherrlichungen« manifestiert sich in den Porträts, die er von Edelleuten und Bischöfen anfertigte, die für dergleichen Huldigungen bezahlten: es sind grausame, verwüstete Satyrn-Gesichter mit aufgeworfenen Lippen, und der Lorbeerkranz auf den aufgeblasenen Siegerköpfen endet, ziegenbockartig, wie Faunsohren, in zwei Spitzen. Tiepolo wußte um das Bestialische, und die Würdenträger seiner neoklassischen Welt stehen oft an der Grenze einer ovidschen Metamorphose zu einer niedrigeren Naturform, als hätte ihr Größenwahn einen Gott beleidigt.

Tiepolo beendete sein Leben in Spanien, wo sein Werk, wie man heute glaubt, Goya beeinflußt hat. Sein Sohn Giandomenico überließ sich vorbehaltlos dem Geist der Harlequinade. Ein Bild wie die »Neue Welt« in der Ca'Rezzonico, in welchem, dem Meer zugekehrt, eine lange Schlange untersetzter Figuren vor einer Guckkastenbühne ansteht, ist gewissermaßen ein Zerrbild des alten venezianischen Festspielbildes mit seinen imponierenden Horizontalen. Er malte ländliche Sujets im internationalen Geschmack der Zeit und Grisaillen von maskierten Figuren und Clowns. Diese Clowns von Giandomenico werden heute in schwarzweißem Porzellan, als Tischdekorationen, von den feingeistigeren Glaswerken Muranos hergestellt.

Der Clown, die Maske, die Gondola, das Portal, der Palast – das sind die Motive des langen wirren Traums des achtzehnten Jahrhunderts, kristallklar bei Canaletto, bei Guardi von Mittagssonne und tiefen Schatten gefleckt. Canaletto und Guardi sind, könnte man sagen, die letzten der venezianischen Spiegelmacher. Canalettos Spiegel ist aus Stahl, und Guardis aus Glas, altem Glas, stellenweise erblindet und romantisch verfärbt. Das Bild, das sie wiedergeben, ist das unwandelbare Venedig der Memoiren des achtzehnten Jahrhunderts, die Stadt, in der sich außer Abenteuern nie etwas ereignet. Das Ohr wird dessen überdrüssig, nicht aber das Auge. Niemand würde bei Canalettos Bildern darüber klagen, daß sie »alle gleich« sind. Das ist ja der springende

Punkt. Sie gefallen uns durch ihre Wiederholung, genau wie ein Spiegel das tut. Das unaufhörliche Wunder Venedigs besteht darin, sich in seinen Kanälen zu betrachten und festzustellen, daß es tatsächlich vorhanden ist – so unglaublich das auch erscheint. Es ist die gleiche Bestätigung, die uns ein Spiegel bietet: die Garantie, daß wir existieren. Bei Canaletto und Guardi wird die venezianische Fata Morgana bestätigt und beglaubigt: die Masken, die schwankenden Gondeln, die Rialto-Brücke, der Dogenpalast und der blaue Vorhang der Salute, der in einem frischen Wind weht. Diese Kunst ist nah an der Fotografie, wie auch die venezianische Literatur nahe am Journalismus ist, d. h. am Augenzeugenbericht. Heute sind die Clowns und die Masken verschwunden, aber der Regenschirm könnte an ihre Stelle treten, als Symbol des zeitgenössischen Venedigs – Wälder, Armeen von Regenschirmen, kreisend, tropfend, sich voreinander verbeugend, um Entschuldigung bittend in den schmalen *calli* zur Zeit des Winterregens.

Die groteske Figurenreihe in Giandomenicos Bild, die mit seewärts gerichtetem Blick nach einer mutmaßlichen Neuen Welt jenseits des Horizonts Ausschau hält, während sie sich von einem Pfuscher unterhalten lassen, versinnbildlicht die Lage Venedigs. Es war hohe Zeit, als der Gondoliere erklärte: »endlich hat er ein Blatt gewendet«. Aber die Kraft hatte sich erschöpft. Das neue Blatt blieb leer. Die venezianischen Patrizier hatten fünfhundert Jahre gebraucht, um das in der »ruhmreichen« Periode erworbene Kapital auszugeben; als es schließlich vertan war, blieb nichts übrig, wofür es sich zu leben gelohnt hätte. Die venezianische Kunst fiel mit dem Tod der Republik wie ausgehöhlt in sich zusammen. Giandomenico, der letzte der venezianischen Maler, starb, wie sein Vater, in Spanien. Die Accademia, nach den Richtlinien der Royal Academy, von Piazetta persönlich als eine Art Malergilde begonnen, der er und der ältere Tiepolo vorstanden, wurde von Napoleon als Museum rekonstruiert, dem der Sinn für das Dramatische nicht abging. Wieder einmal setzte er einen Schlußpunkt unter eine Geschichte.

Jetzt, da der Karneval vorbei ist, haben die Venezianer sich mit Haltung den Tatsachen angepaßt. Es gibt keine Akrobaten mehr, die am Fastnachtsdienstag auf einem Seil heruntergleiten und zu Füßen des Dogen in der Loggia des Dogenpalastes landen, keine Stierkämpfe auf der Piazza, keinen Jahrmarkt am Himmelfahrtstag. Aber es gibt noch immer Regatten, bei denen die *sestieri* gegeneinander antreten, und es gibt noch immer die Brücke von Booten, die sich über den Giudecca-Kanal am Fest des Redentore bis zu der Kirche Palladios erstreckt. In der Nacht des Redentore (dem Vorabend des dritten Sonntags im Juli) findet ein gewaltiges Feuerwerk statt. Alle Arten von Booten, mit Lampions behangen – Gondeln, Kähne, Ruderboote, ein Floß, das das Orchester des Fonice-Theaters trägt, Motorboote, eine alte venezianische Galeone –, scharen sich auf dem dunklen Giudecca-Kanal, um zuzuschauen, wie die Feuerwerkskörper von der Piazzale Roma, beim Bahnhof, aufsteigen. Eine Stunde lang ist der Himmel durch das Bersten bunter Sterne angestrahlt, die Palazzi erbeben unter den Explosionen, grüne, goldene, rote und violette Töne spiegeln sich im Wasser und in den verdunkelten Fenstern der Häuser. Ein stimmungsvolles Bild, sagt jedermann, oder vielmehr eine Reihe von Bildern; über den Kanal huschen Schatten von Guardi, von den Nachtszenen Bassanos, ja sogar von Carpaccio. Jeder sucht nach einem Vergleich, und alle Vergleiche scheinen zuzutreffen: Ich selbst denke an die Einschiffung der Königin von Zypern, auf einem Gemälde im Correr-Museum. Wenn das Feuerwerk zu Ende ist, bricht niemand auf; eine zweite Vorstellung (wie typisch für Venedig) wird gleich beginnen, das

Duplikat, der Zwilling der ersten, am anderen Ende des Kanals, auf der Insel von San Giorgio, wo die Palladio-Kirche angestrahlt ist. Alle Boote bewegen sich nacheinander unter Musikbegleitung dorthin. Die Tradition verlangt, daß man sich nach dem zweiten Feuerwerk an den Lido rudern läßt, um den Sonnenaufgang zu erleben. Wie mir der Gondoliere ernst versicherte, sind nach den künstlichen Feuerwerksfarben die echten Farben der Natur (»i veri colori della natura«) erfrischend für das Auge.

Da sprach Venedig, der ewige Kenner, mit der Stimme des ewigen Gondolieres. Das Fest des Redentore, das die Erlösung von der Pest feiert, bleibt das charakteristischste der venezianischen Feste. Ein Fest des Lichts, das im August folgt, mit illuminierten Flößen auf dem Canal Grande ist eine ziemlich künstliche Sache. Es ist kein spezifisch venezianisches Fest, und das venezianische Volk ist nicht mit dem Herzen dabei. Während der Himmelfahrtswoche im Frühjahr kommen stündlich die drei Könige im Glockenturm heraus, von einem Engel mit Posaune begleitet, und verneigen sich vor der Madonna; im Sommer gibt es auf der Piazza die Tombola oder Lotterie. Aber das Hauptvergnügen der Venezianer sind die Ausländer. Seit der hinkende Lord Byron ihnen den Gefallen tat, durch den Canal Grande zu schwimmen, und George Sand in Männerkleidung mit Musset im Hotel Danieli wohnte, amüsieren sie sich auf unsere Kosten. Wir sind der Bestand ihrer Lustbarkeiten; wir sind es, die mit der Gondola fahren und durch den American Express des Nachts Serenaden empfangen. Den ganzen Winter hindurch kommen wir her, selbst zur Regenzeit, wenn die Piazza überschwemmt ist und vom Atrium der Markuskirche Planken auf den Platz führen, und jeder (da jeder zu Fuß gehen muß) bis zur nächsten Vaporetto-Haltestelle einen Schirm trägt, denn die Gondolas sind nicht mehr in Betrieb, da ihre *felze* oder dekorativen Sonnendächer keinen Schutz bieten. Die Straßen, die in quasi militärischer Formation von Schirmen starren, erinnern mich an die Beschreibung eines venezianischen Admirals von der türkischen Armada: »Das Meer starrte von Schiffen wie ein Nadelwald.« Wie alles in Venedig, hat auch der Winter dort etwas Sagenhaftes, Unwahrscheinliches; für den Reisenden, der ihn erlebt hat, wird er zum Kuriosum, zu einer Reisegeschichte. Schnee auf dem Markusplatz, der Markusplatz überschwemmt, Schlittschuhlaufen auf den Kanälen – solche Merkwürdigkeiten werden von Augenzeugen berichtet und von venezianischen Malern festgehalten. Das Normale wirkt ausgefallen.

»Che brutto giorno!« Meine gewitzte, spitzbübische Signora und ihre Familie haben langsam, wie Katzen, von ihrer Wohnung wieder Besitz ergriffen, Ecke um Ecke, Zimmer um Zimmer. Haarnadeln und Haartrockner sind im Badezimmer aufgetaucht, das angeblich mir gehört. Als nächstes hängt Perlonunterwäsche im Badezimmerfenster. Augentusche und Bürstchen, Puder, Kamm haben sich eins nach dem anderen auf den Toilettentisch geschlichen. Eines Tages ist die Badewanne voller Wäsche. *»Scusi«,* sagt die Signora und macht ihr bekümmertstes Gesicht; es sei diesmal einfacher für sie, hier zu waschen. *»Lei permette?«* Ich gestatte. Jetzt habe ich Glück, wenn ich überhaupt baden kann, vorausgesetzt, es gibt überhaupt heißes Wasser; die Wäsche, die in der Wanne weicht, ist zum Dauerzustand geworden. Meine Toilettenseife verschwindet wie durch Zauberei. Ich kaufe ein neues Stück, und innerhalb etwa eines Tages ist nur noch ein Scheibchen davon übrig. Eine Freudin wohnt bei mir, und die Signora nimmt sie beiseite und fragt sie, *per piacere,* wo sie ihre Zahnpasta kaufe. »Mario *liebt* sie!« erklärt sie und meint damit ihren Sohn. Anderentags, als wir die Signora auf der Straße treffen, geht eine Wolke von Parfum von ihr aus, die ich unfehlbar als mein »Joy« von Patou erkenne.

Sobald ich die Wohnung verlasse, stürzt sich die ganze Familie auf meine Sachen, untersucht sie, schmeckt sie, beschnuppert sie. »Ihre Brille paßt mir genau«, vertraut mir die Signora an, als ich eines Abends nach Hause komme. Solche naive Aufrichtigkeit entwaffnet mich. Was kann ich sagen? *»Dove è il suo braccialetto?«* fragt mich die Signora vorwurfsvoll und entrüstet, als ich mein Armband zum Juwelier gebracht hatte, um es reparieren zu lassen. Nachdem sie offensichtlich meine Schubladen durchkramt und es dabei vermißt hatte, tut sie so, als wäre es von mir ein Verbrechen, als wäre ich es ihr schuldig, keinen Gegenstand zu verlieren, den sie mir zufällig nicht selber gestohlen hat. Mein Reinigungsmittel verschwindet; meine Toilettengegenstände faszinieren die Familie am meisten, als stecke die Quintessenz meines Ausländertums in den Tuben, Tiegeln und Flaschen. Sie erwarten wahrscheinlich, daß ich in irgendeiner Weise protestiere, aber an sich scheint nichts, was sie tun, mir der Mühe wert, Krach zu schlagen. Gemüse und Molkereiwaren der Signora überschwemmen meinen Kühlschrank. In der Küche wird ein Bügelbrett aufgestellt. *»Lei permette?«* sagt die Signora. Bald etabliert sich die gesamte Familie mit Ausnahme des jupiterhaften Signore um den Küchentisch. Sie machen keine Anstalten mehr, zu verschwinden, wenn ich mit meinen Eßwaren hereinkomme. Der Sohn und die Tochter des Hauses stehen hinter mir und sehen mir beim Kochen zu, wobei sie untereinander neugierig Bemerkungen austauschen.

Ich glaube, es ist ihre Neugier, die sie dazu führt, alle möglichen Tricks an mir auszuprobieren – lediglich, um zu sehen, wie ich reagiere. Sie fragen sich, wie weit ich sie wohl gehen lasse, nicht zu irgendeinem bestimmten Zweck, aber um festzustellen, was ich tun werde. Ihr ganzes Leben scheint nach dem gleichen Grundsatz zu verlaufen; es ist ein fortgesetztes Prüfen der Wirklichkeit, um zu sehen, wie weit sie nachgeben und wie weit sie Widerstand leisten wird – venezianische Experimentierlust.

Eines Morgens entdecke ich, daß das Telefon, das auf dem Tisch in dem Vorplatz steht, verschwunden ist, und ich befürchte, daß die Signora den Schulden (das Geld rinnt ihr, nach alter venezianischer Art, durch die Finger) nun doch nicht mehr auskommt. Aber nein; sie hat einen *operaio privato* bestellt, um Nebenstellen zu installieren – in ihrer Wohnung oben, in meinem Schlafzimmer, in der Küche, hinter dem Rücken der Telefongesellschaft. Ein paar Wochen später ist der *operaio privato* wieder da, um die Nebenanschlüsse zu sperren; die Telefongesellschaft ist irgendwie dahintergekommen. Eine Woche lang kommt täglich ein Mann mit einem Stuhl, den er der Signora zu liefern versucht; ich dürfe ihn nicht annehmen, sagt sie mir, ich solle behaupten, sie sei ausgegangen. In der Tat, wann immer es läutet, erscheint die Signora auf der Treppe, den Finger an die Lippen gedrückt, und bedeutet mir, ihre Anwesenheit im Haus zu verleugnen. Ich höre, wie sie das Telefon beantwortet und so tut, als sei sie die Wirtschafterin. Sie sieht mich an und zwinkert. Es ist alles ein Spiel, ein Experiment.

Sonderbare Leute werden zu mir in die Wohnung geführt, die alles mögliche zum Verkauf anbieten: Kleider und Tabletts mit Schmuckgegenständen, die der Händler, von der Signora unterstützt, für Gold und Brillanten ausgibt. Wenn ich kein Interesse bekunde, ist die Signora nicht weiter bekümmert. Sie zuckt die Achseln und scheucht den Händler hinaus. Sie hat, beinah zu ihrer Zufriedenheit, die Grenze meiner Toleranz entdeckt, den Punkt, an dem ich haltmache. Aber bald kommt sie von einem Wochenende mit drei Bildern zurück, von denen sie (vertraulich) sagt, daß es de Pisis wären. Erwartet sie, daß ich sie kaufe oder auch nur die Zuschreibung glaube? Oder keins von beiden? Als ich nichts sage, verschwinden die Bilder. Mobiliar und Zubehör der Wohnung sind ständig im Fluß – heute da, morgen weg. Nichts ist an seinem Platz verankert, nicht einmal die Kaffeekanne, die davonschwimmt und zurückkehrt, mit der Flut der maritimen Natur meiner Signora. Die Bilder an den Wänden wechseln in einer geradezu gespenstischen Art. Mittags sah noch ein Tintoretto (scuola di) auf mich herab, abends ist bereits ein Giorgionesco daraus geworden. Eine Aura komischer Geheimnistuerei umhüllt alles, was sie tut. So will sie nie einen normalen *facchino* von dem Halteplatz San Zaccario bestellen; es muß unbedingt ein *operaio privato* sein. Und doch ist die Signora trotz ihrer komplizierten Machenschaften völlig durchsichtig. Ihr langes Gesicht ist eine Fensterscheibe, hinter der jeder ihre Gedanken verfolgen kann.

Ihrer arglos arglistigen Natur ist der bloße Begriff der Heuchelei so fremd wie einem neugeborenen Kind. Jeglicher Besitz übt einen großen Reiz auf sie aus; und doch hat sie keine Ahnung, was Besitz ist, und verleiht ebenso unbekümmert, wie sie borgt. Mit einer Lüge bezweckt sie schon irgend etwas, aber nicht unbedingt, daß man sie ihr abnimmt. Sie ist durch und durch Realistin, die in einem Netz von irrealen Vorhaben und Plänen lebt, die sich nie erfüllen können. »Ah, povera Venezia«, ruft sie, wenn sie morgens das Fenster aufmacht, im gleichen Ton, wie sie »povera Elva« jammert. In ihren Augen ist sie immer Venedig, das bessere Tage gesehen hat, der nichts anderes übrigbleibt, als von einer Ausländerin zu leben, die bald fortgeht und sie verlassen wird. Aber im Grunde ist ihr das gleich; sie ist Fatalistin.

Und ich werde bald fort müssen, erkenne ich träumerisch, sonst komme ich eines Tages in die Wohnung zurück und stelle fest, daß *ich* verschwunden bin, wie meine Seife und mein Parfum. Ich werde nicht mehr vorhanden sein, und der Signore und die Signora werden, nachdem sie mich verschluckt haben, wieder gähnend in ihrem Ehebett liegen, unter den vergoldeten Putten, während der Meermädchenschweif der Signora sich unter den gestickten Bettüchern ringelt.

Wenn ich abreise, muß es mit der Gondola geschehen, weil ich viel Gepäck habe. Ein privater Charon der Signora wird mich in seiner schäbigen Leichenbarke zum Bahnhof übersetzen. So haben die Alliierten, vom Festland kommend, zu Ende des Zweiten Weltkrieges Venedig eingenommen. Das Benzin war knapp, und nach geheimer Absprache mit dem Gondoliere-Verband eroberte der Oberbefehlshaber der Alliierten Venedig mit einer Gondel-Flotte. In Venedig erweckt selbst der Krieg ein ungläubiges Lächeln.

Vom Oberst, der sein Leben damit verbringt, auf seine Pension und einen Brief zu warten.
KiWi 23.

Diese frühen Erzählungen, in einer phantastischen Wirklichkeit angesiedelt, erzählen von Tod und Gewalt.
KiWi 26

Die Geschichte vom frommen Clochard, der die Illusion der Verzweiflung vorzieht.
KiWi 27.

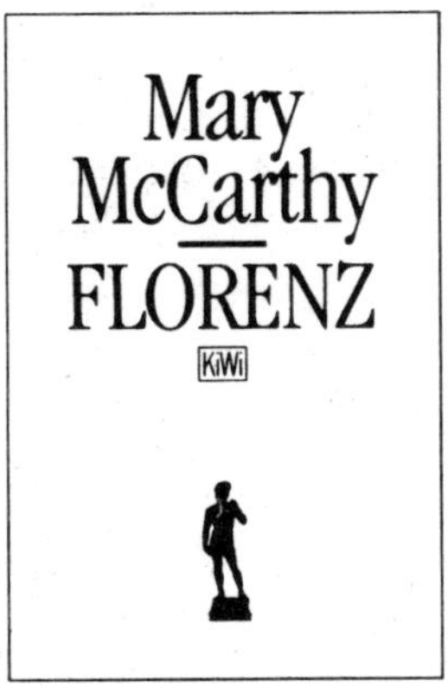

Die Lektüre dieses Buches macht Reisevorbereitungen (und Aufenthalt) zu einem doppelten Vergnügen.
KiWi 28.

Diese Erzählungen zeigen einmal mehr, zu welcher Meisterschaft Katherine Mansfield *ihr* literarisches Genre, die englische Kurzgeschichte, entwickelt hat.
KiWi 33

Adams, der berühmte Autor von *Unten am Fluß*, erzählt seine schönsten Tiermärchen, -mythen und -sagen aus aller Welt.
KiWi 32

KiWi

Paperbackreihe bei Kiepenheuer & Witsch

„Ein Buch, das allen Dogmatikern und Menschheitsbeglückern zur Pflichtlektüre gemacht werden sollte." *Die Zeit*
KiWi 49

Das Buch erlebte nach dem 2. Weltkrieg eine Renaissance, die sich heute unter der Kriegsbedrohung wiederholt.
KiWi 50

Literarische Texte, die sich vom herkömmlichen literarischen Betrieb wohltuend abheben.
KiWi 51

Mary McCarthys Buch geht weit hinaus über die Betrachtungsweise herkömmlicher Reiseführer.
KiWi 52

Kritische Analysen und gewitzte Polemiken über den westdeutschen Kulturbetrieb.
KiWi 53

Naipauls Rückblick auf seine Kindheit, den Vater und seinen Werdegang als Schriftsteller.
KiWi 54

KiWi

Paperbackreihe bei Kiepenheuer & Witsch